江戸の仕事図鑑 上巻 食と住まいの仕事

飯田泰子 著

芙蓉書房出版

江戸の仕事図鑑　上巻　食と住まいの仕事……目次

はじめに

『江戸の仕事図鑑』と題してお届けする文字通りの生業《なりわい》図鑑です。中でも人生に必須の食と住に関わる仕事を中心に二五〇余りの職種を取り上げ、間借なりにも図鑑の名に恥じぬよう、すべて絵で見せる趣向で、使用図版は五〇〇点ほど。江戸期の仕事を語る上で、博物館でしか目にする事のないようなものや、死語になりつつある言葉も登場しますが、適宜注釈を加えながら紹介していきます。

江戸時代人の仕事ぶりが描かれた本はかなりでていますが、絵が添えてあって、使う道具や売物の様子がよく分かるのが元禄三年（一六九〇）に刊行された『人倫訓蒙図彙《じんりんきんもうずい》』。まず公家や武家の職制にまつわる事項を述べ、続いて手仕事や商いを採り上げていますが、本書では市井の人びとの暮らしに密着した事柄を見ていきます。職業選びの参考にしたのは、前記の『人倫訓蒙図彙』、幕末の風俗誌『守貞謾稿《もりさだまんこう》』を始め、各種の「職人尽歌合」などです。

各章のあらましは、第一章が「商い」。主《あるじ》と奉公人《ほうこうにん》は大所帯の家族のようなもので、幼少の時分から身を置く小僧（丁稚）は仕事を通して成長していく。埃っぽい江戸の道路に朝一番に水を撒く役目の小僧が、精進すればいずれは千両箱を積む蔵の鍵を振り回す支配人へと出世、するのかもしれない。こうした終身雇用ではない短期中期の奉公は口入屋《くちいれや》（職業紹介所）が斡旋し、店は下働きに雇ったようです。扱う品が何であれ、店舗、屋台店、行商といった営業形態はどの商売にも通じるところから、その内実を知ることからスタートします。

第二章、三章は食と住をテーマに材料の生産、加工、販売までを順を追って展開します。筏師《いかだし》によって木造建築の要《かなめ》、材木が運ばれ、屋根葺き、壁塗りでやっと雨露を防ぐ格好がつく。畳、戸障子に什器を揃え、灯りが灯るまでの「住まい」造りには、あっと驚くようなたくさんの仕事人が携わっています。食についても、鮨、蕎麦、天ぷらは海山里から齎《もたら》される物が、売り手を通して膳に並ぶまでの物語です。本書では三章の扉を開いてもいきなり江戸前の握りは出てきません。田に水を汲み上げる龍骨車《りゅうこつしゃ》を作る職人が顔を出します。十六世紀にかのダ・ビンチがからくりを思案した道具を工夫して稲の実りを助けた工人がいて飯がある、と。もっともこの龍骨車は簡単に操作出来るものに取って代わられたようなのですが。

続く四章は養生、つまり健やかに生きるための仕事。江戸時代は医者にかかると診察費はなく、薬礼という名のばか高い薬代がいるせいか、ちょっとした体調不良なら売薬で済ませるか按摩か針師の世話になったようで、薬屋は大繁昌。医者は医者で外科はともかく、専門外の領域までフォローする本道（内科）の漢方医が町医者として活躍していたとか。五章は祈り。神仏周辺の「仕事」というのは、真っ当な宗教者と宗教活動に伴う道具類を作り売る者という観点から構成するつもりが、当時は実態が怪しい輩があちこちに出没。彼らを「勧進」としていくつか紹介しています。神や仏を笠に着て銭を乞う遊行の人びとは、ちょっと羨ましい限りの自由人。江戸期の言葉で「自由」をいうなら自侭《じまま》。きっちり勤め上げて自前の店を持つも良し、弁舌が立つなら蝦蟇の油を売るも良し。左甚五郎を志す大工も良し。江戸時代に働く様々な姿を堪能出来る、そんな絵本を目指しましたので、お楽しみ下さい。

第一章・商い

商売の形態と運輸

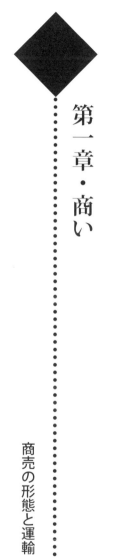

商店

◆主人◆若旦那

◆支配人◆番頭◆手代◆丁稚

◆口入屋◆日傭◆看板書き

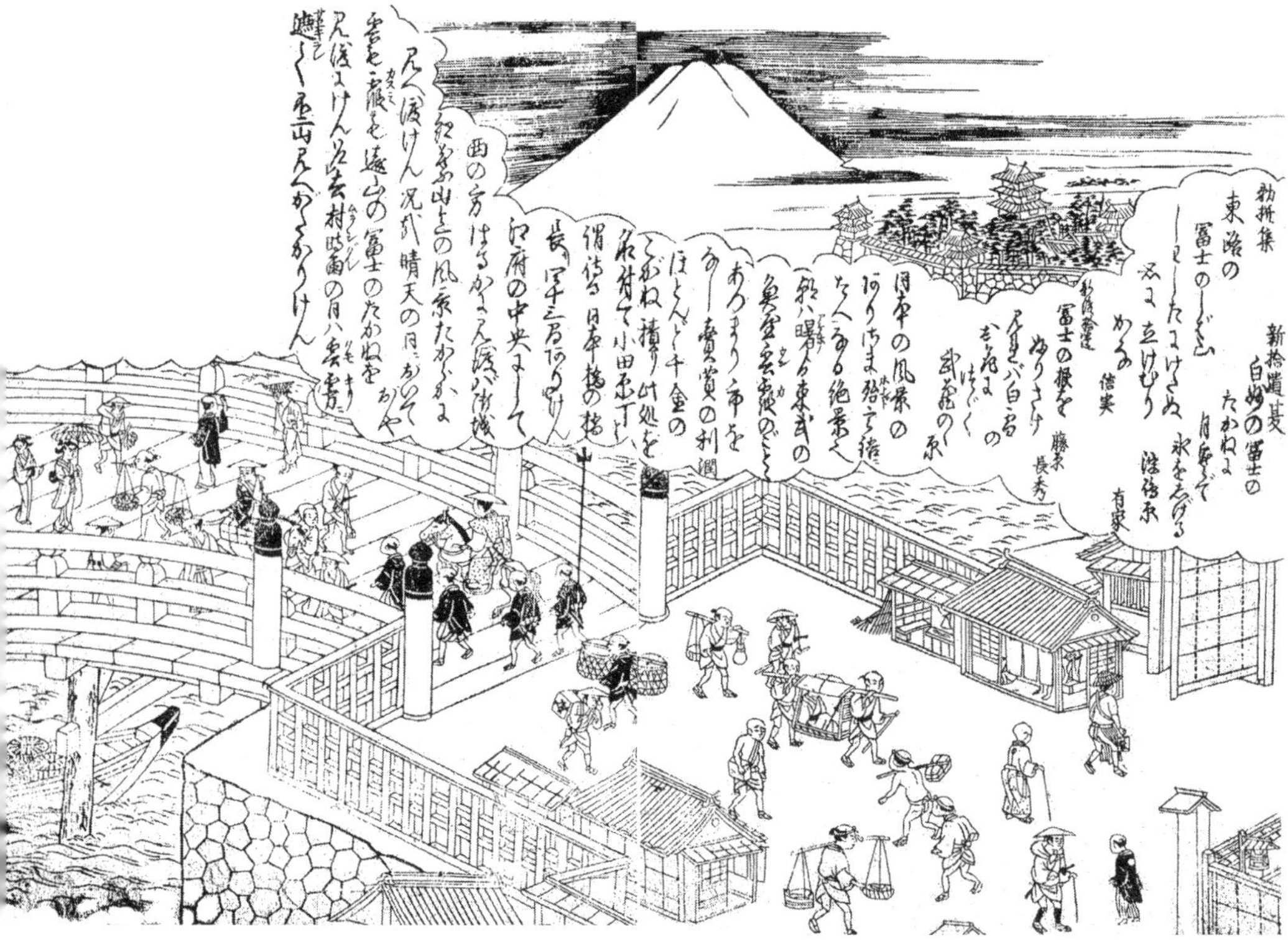

■日本橋の賑わい（絵本続江戸土産）

小商い

◆虫売り◆夜鷹蕎麦

◆西瓜売り◆膏薬売り◆莚打

◆魚売り◆錠前直し

金融

◆両替屋◆天秤師◆秤師
◆銭緡売り◆銭座売り
◆質屋

運輸

◆問丸◆船頭◆船宿◆渡守◆船大工
◆車借◆車引◆車作◆馬借◆馬方◆博労
◆駕籠かき◆駕輿丁◆乗物師
◆旅籠屋◆飛脚◆便り屋

■現銀掛値なしの呉服商
（頭書増補訓蒙図彙）

主人も奉公人も、一つ屋根の下で寝起きして商いに励む

物を売る。作り手から仕入れて、あるいは自ら作った物を売る。商いは生業の大きな柱。そこでこの章では、住まいや飲食といった個別のテーマにかかわりなく、商い全般にまつわる事柄を紹介する。

●店と移動販売　江戸時代に「お店」と呼ばれた商家。表通りには大店が軒を連ねるが、何を売るにしても、主の家族と奉公人が大勢ともに寝起きして商売に励む。お店では旦那様と呼ばれる主の一家と奉公人が一つ屋根の下で共に寝起きするのが基本。旦那様におかみさん、跡継ぎになる若旦那にお嬢さん。家督を譲ったご隠居が同居することもある。一方奉公人は見習いの丁稚（小僧）、一定期間勤めて若い者などと呼ばれるようになる手代、そして商家を支える奉公人の筆頭ともいうべき番頭といった人たちがいる。

商人になろうとする子は早ければ七、八歳、遅くとも十歳頃には奉公に出る。そこで十年勤めあげ、一年のお礼奉公をして、一応は商人として認められる。そこで家に金があったり、商人をしていれば、元手を出してもらうか家業を継げば商いができるが、大方は手代となって奉公先で働くことになる。

「お店」で一人前の商人になるとはそういうことだが、もう少し自侭に、店舗

■速さが自慢の猪牙船（絵本続江戸土産）

に頼らず出来る商いもある。屋根が付いた屋台を道端に据える屋台店、路上で売る天道干《てんとうぼし》に、荷を担いで売り歩く行商人。店舗を持たずに商売をする小商いにも色々な形態がある。

●金融の仕事　一円を基準に十進法で運用するこんにちとは違って、江戸時代にはまったく別系統の三種類の通貨があった。それが金、銀、銭。仮に一両小判を持って四文の駄菓子を買いに行く。お上の定めた交換率によれば、釣り銭は三九九六文のはずだが、おつりは出ない。万が一庶民が高額な貨幣を手にしたら、両替商で日常の買物に使い勝手が良い「銭」に替える必要があった。

両替商は手数料で稼ぐ商売だが、必要な人に利息を取って用立てる、つまり金を融通するのが主な業務で、動く金額は大きい。担保を取って貸す質屋は庶民の味方といえる。

●江戸時代の陸運水運　人は歩くのが基本の江戸時代、市中の移動には徒歩で十分。侍や医者はともかく、皆どこへでも歩いて行ったが、駕籠で吉原大門まで乗り付ける御仁はいくらでもいた。駕籠には路上で客を待つ辻駕籠と、駕籠屋に待機するものがあった。

船を使った商売は二種類。一つは主に大坂から江戸へ荷を運んだ廻船業の大型船。もう一つは市中を行き交う小型の船便で、荷物や人を運んだり、遊びのための船があり、中でも江戸では吉原に行くのによく船が使われた。

商店

江戸時代には「お店《たな》」と呼ばれた商い屋。表通りには大店《おおだな》が軒を連ねるが、何を売るにしても、主《あるじ》の家族と奉公人が大勢ともに寝起きして商売に励む。

■提灯屋、足袋屋の店先では商談が弾んでいるようだ。いずれも建物の奥は働く人びとの住まいになっている（戯場粋言幕の外）

主人

●しゅじん

奉公人や出入りの職人衆からは旦那、大旦那と慕われる。親の代からの商いを継ぐ幸運な御仁もいるし、身一つの小商人《こあきんど》から立身する苦労人もいる、お店の要。息子なり娘婿なりに無事に代を譲れれば楽隠居ができる。

■武家と同様に一家の継承は主人の一大事。「繁昌は親の光りぞ今となりて　頭のはげし　身にぞ志らるる」（家内安全集）

主人家

■「嫡子」の脇に「そうりょう」とある。孝行に励み、道を外れなければ店の主人になる若旦那（家内安全集）

若旦那

●わかだんな

京坂では主人を親旦那と呼ぶが、跡継ぎは江戸も京坂も若旦那。あるいは小旦那ともいった。子が娘ばかりなら、出来の良い番頭を婿にしたり他所から養子を迎えた。たとえ嫡男であっても道楽が過ぎれば勘当の憂き目に遭う。

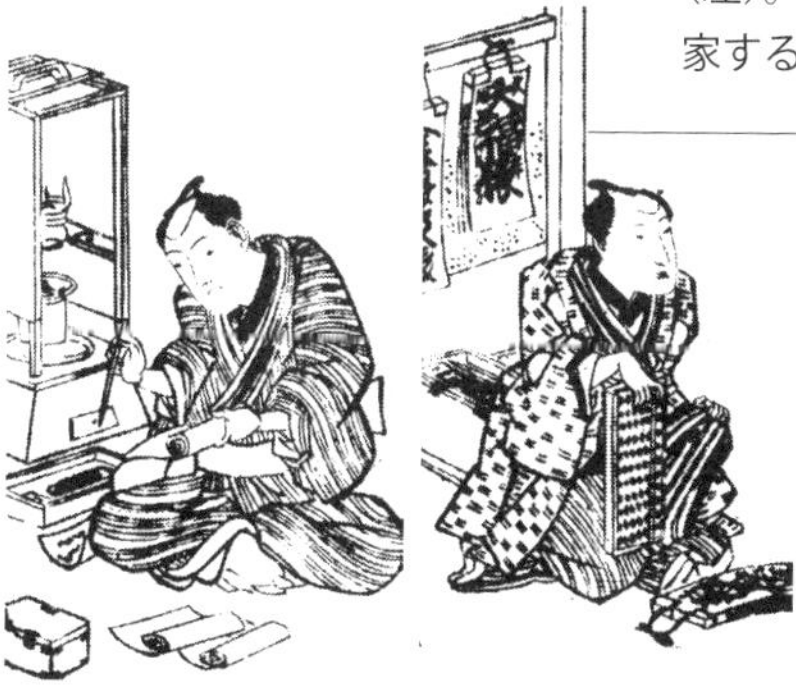

■若旦那の弟達、次男（右）に三男（左）。兄の代になれば、いずれは別家するのが定めの身（家内安全集）

表と奥●商売の場と住まいが同じ屋敷内にあるのが江戸のお店。通りに面した店の奥には主人の家族が暮らす。大旦那にお内儀（妻）、若旦那、お嬢さん、離れには隠居が同居することもある。

奉公人

番頭

●ばんとう

帳面を預かり、店の切り盛りをするのが番頭で、奉公人の最高位といえる。住込みもあれば近くの家からの通いもある。これを通い番頭、あるいは通勤番頭という。

■商いの具合を報告する番頭。敷居際に控えるのは小僧（商売往来絵字引）

奉公●雇い主のもとで勤めるのが奉公。お店奉公は早ければ七、八歳、遅くとも十歳頃までに奉公に上がる。そこで十年勤めあげ、一年のお礼奉公をして、いっぱしの商人として認められる。奉公には短期勤めもある（18頁・口入屋参照）。

■大福帳に日々の記録を書き付ける番頭。売掛を付け、入金があれば線を引いて決済の印とする（諸職人物画譜）

■蔵の鍵を手にする支配人。足元には千両箱（家内安全集）

支配人

●しはいにん

三都とも番頭を支配人ともいう。規模が大きく複数の番頭がいる店では、一番番頭を支配人と呼ぶことが多い。その権限は絶大だ。

丁稚

●でっち

上方は丁稚、江戸では小僧という。掃除やお使いなどの雑用をしながら商いとは何かを覚えていく。十年は給金なしで修業するのがお店奉公。

■店開け前の水撒きは丁稚の日課（家内安全集）

手代

●てだい

おおよそ十年の丁稚奉公を無事勤め上げた者を「手代」と呼ぶ。集金に出向いたり、帳面付けなどもさせてもらえる。

■大店ともなれば定紋付きの羽織も着られる手代（家内安全集）

口入

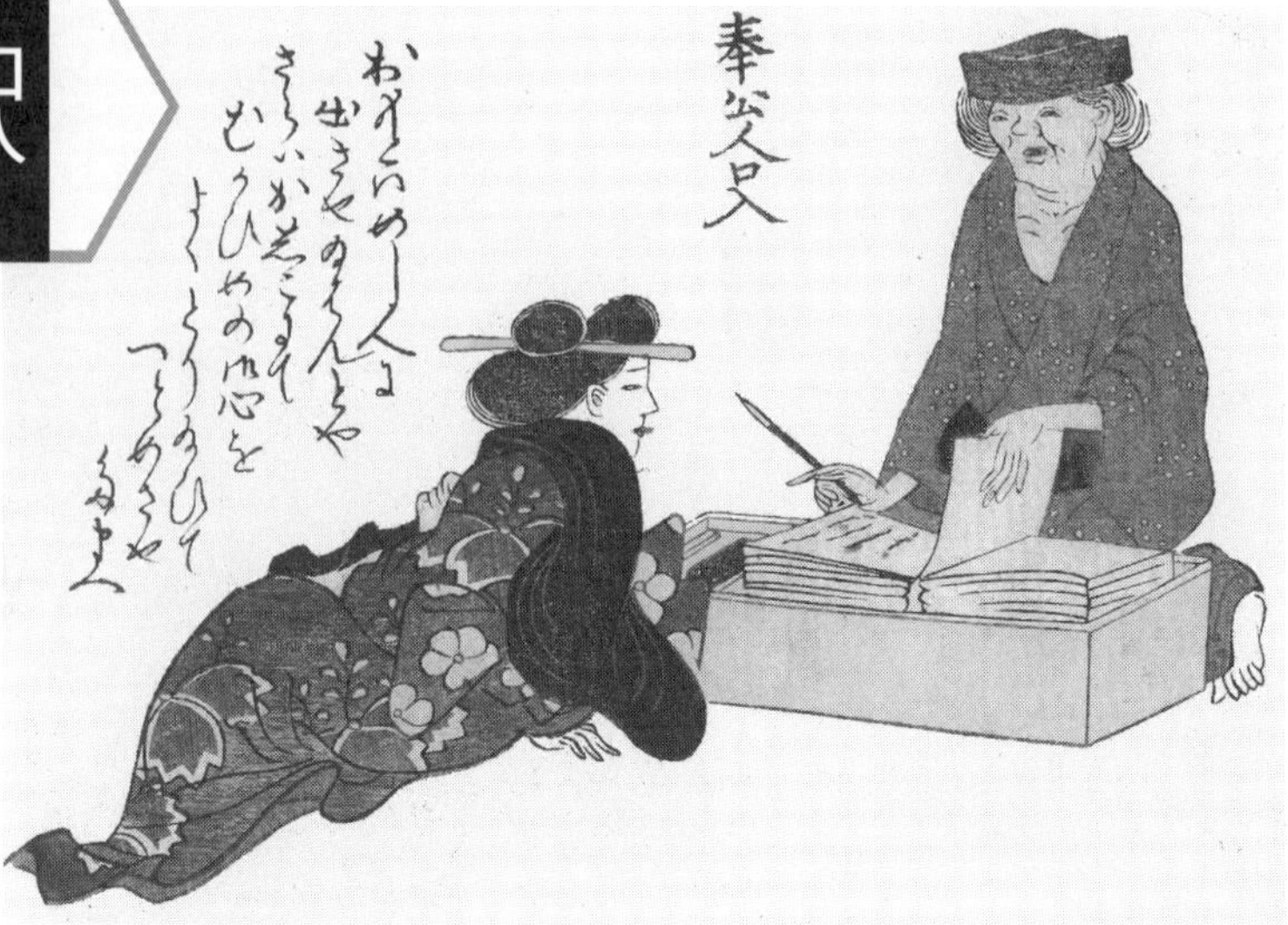

■商家ばかりでなく、武家も下働きの中間（ちゅうげん）や参勤交代の行列用に口入屋を利用した（今様職人尽歌合）

口入屋

●くちいれや

短期の勤めを仲介する商売で、桂庵《けいあん》とも人宿《ひとやど》ともいわれるのが口入屋。長年一つ所で働く年季奉公とは違って、半季あるいはそれ以下の短期雇用の下男下女などを紹介する。日本橋葭町《よしちょう》にはこうした口入屋がたくさんあった。

日傭

●ひよう

日雇、あるいは日傭取りともいう。普請現場で材木運びやら壁の土捏《こ》ねなどの力仕事が主で、給金は日払い。お店奉公なら衣食住の心配はないが、日雇はすべて自前が辛いところだ。

■わずかな稼ぎでも、積もり積もれば盆暮れを前にしてものんきなものさ（家内安全集）

看板

■筆に墨、硯、糊を入れた箱を背負って出向く看板書き（今様職人尽歌合）

■湯屋（銭湯）の看板（守貞謾稿）

看板書き

●かんばんかき

飲食店や髪結床などを回って行灯を張り替え、屋号や印を注文に応じて書く。『守貞謾稿』によると、江戸の中期天明（一七八一～八九）以来の商売という。

■軒に下がる薬種商の看板（江戸名所図会）

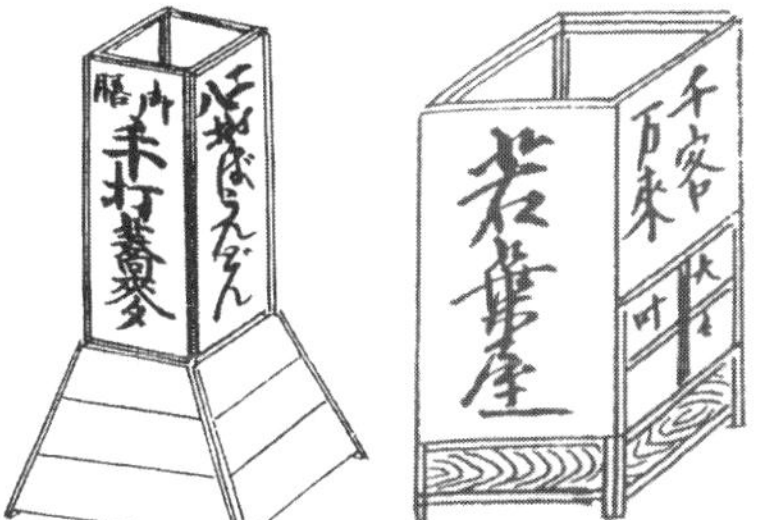

■割烹や娼家によくある掛け行灯。左は蕎麦屋の箱看板（守貞謾稿）

看板の色々●看板は板に書くのが一般的。店名を書くばかりでなく、売り物の形を本物そっくりに描いたり彫ったりする。板看板の他にも、箱看板、置看板、行灯で代用する掛け行灯などがある。

小商い

屋根が付いた屋台を道端に据える屋台店、路上で売る天道干《てんとうぼし》に、荷を担いで売り歩く行商人。店舗を持たずに商売をする小商《こあきな》いにも色々な形態がある。

屋台店

虫売り

●むしうり

軒に下げた虫籠に松虫、鈴虫や轡虫《くつわむし》など、声を観賞する虫を売る。虫売りの屋台は決めた場所に置いたままで、あまり売り歩かない。

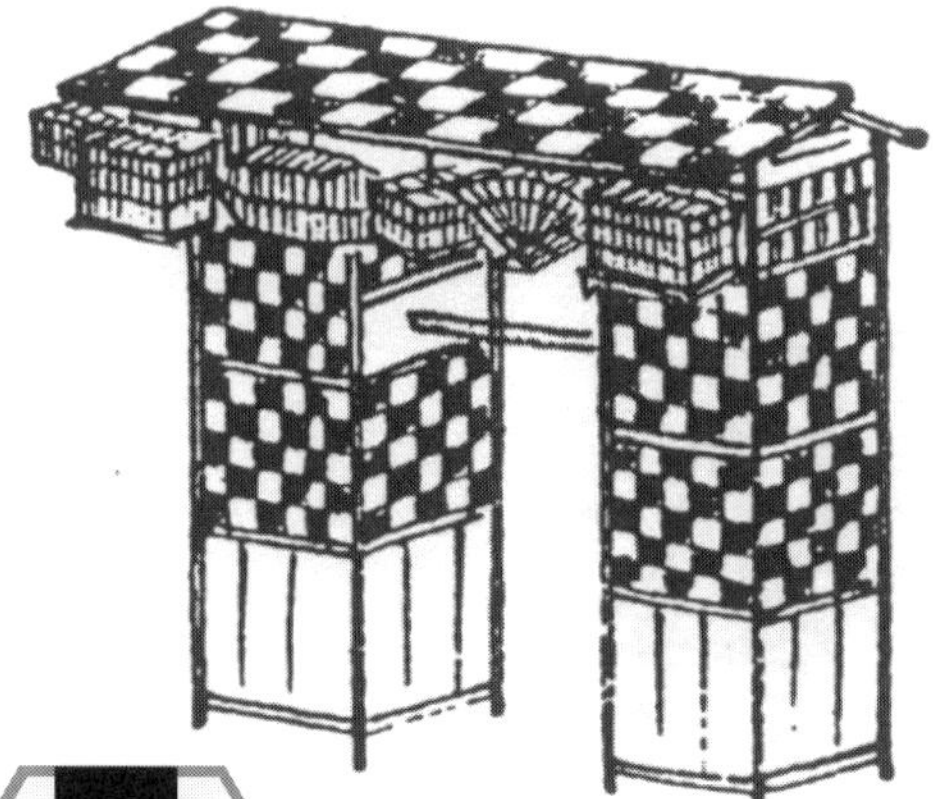

■商いは夏が本番の虫売り（守貞謾稿）

夜鷹蕎麦

●よたかそば

蕎麦を専門に売り歩く、江戸の夜鷹蕎麦。大坂では夜泣き饂飩《うどん》といい、ついでに蕎麦も売った。潮時を見計らって次なる場所へ移動する。

■夜鷹は道端で客を誘う娼婦のこと。この女達が贔屓にしたので名が付いたという（狂言画譜）

屋台●屋根のある台で屋台。屋台店では寿司、天ぷら、酒や酒肴を売る店もあれば菓子、飴、餅も売る。寿司や天ぷらの店は、夜、人出の多い地域なら一町内に三、四軒は出る。

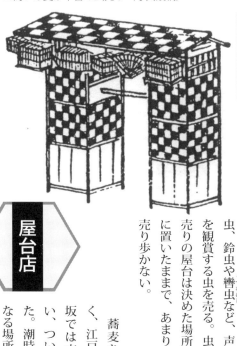

天道干

天道干は路上に莚《むしろ》を敷いて物を売る露天商。いわくありげな古道具や古書籍、小間物までなんでもありで、薬まで売り物になった。

膏薬売り

●こうやくうり

■売り手の膝元に並ぶ貝殻に薬を詰めて売った（今様職人尽歌合）

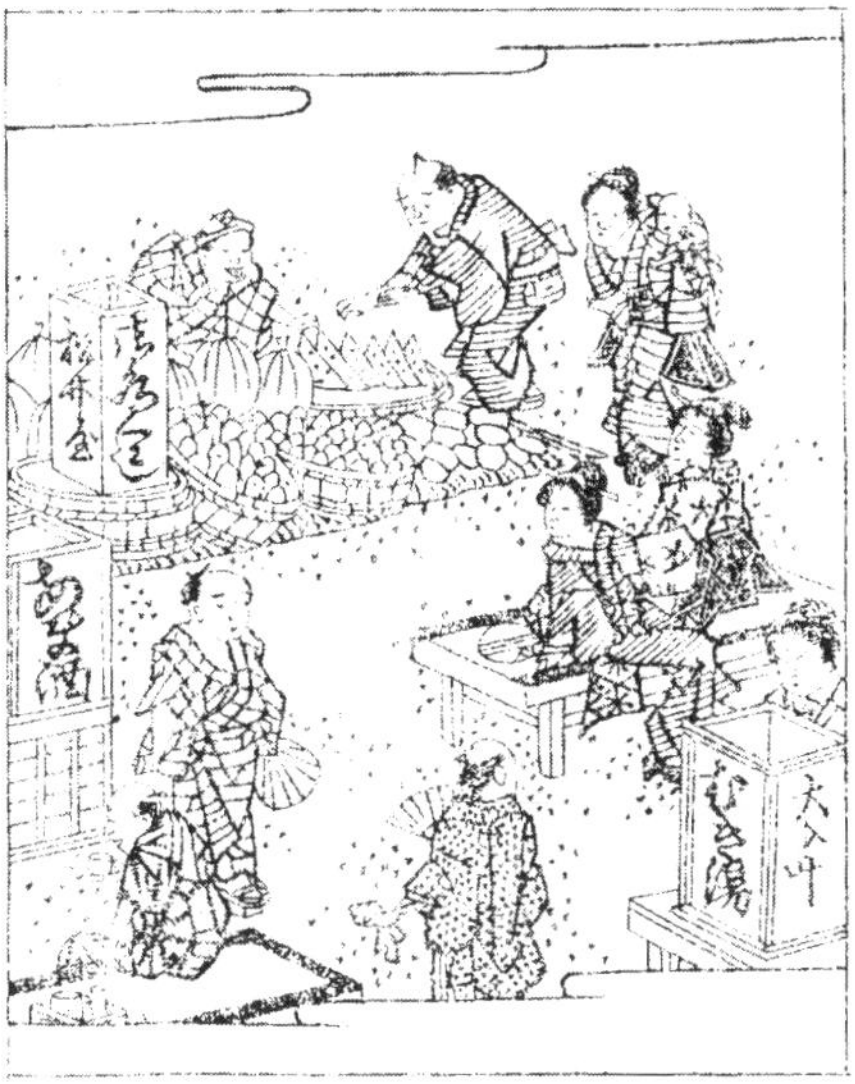

■旧暦五月二十八日は隅田川の川開き。両国広小路には露店、屋台が並ぶ（江戸大節用海内蔵）

西瓜売り

●すいかうり

甘酒、麦湯に西瓜。川開きで賑わう夏の両国橋夕涼みにはうってつけの店が出る。西瓜売りとしたが、脇の看板には「水菓子」とある。水菓子は果物のことで、図には真桑瓜も見える。

莚打

●むしろうち

莚●露天商が商品を並べる莚は主に藁で編んだ敷物だが、用途は広い。土間に敷いて人が座るのはもちろんのこと、農作物の天日干しにも使うし、保温材にもなる。

■『人倫訓蒙図彙』に載る「莚打」

行商

天秤棒の前後ろに荷を積んで売り歩くのが「棒手振り」。朝早くに仕入れて、売り切るまで時間勝負の魚売りは往来を走る。体力がいのちの仕事。

■花を売る振売りの小商人
(絵本庭訓往来)

魚売り
●さかなうり

■上は江戸、下は京坂の魚売り（守貞謾稿）

錠前直し
●じょうまえなおし

■京坂は道具などを担い、江戸は肩で担ぐ（守貞謾稿）

壊れた物は直して使うのが当たり前だった江戸時代。修理の道具や部品一式を収めた箱を携えて町を回る。錠前直しは什器や戸の壊れた錠を直す。

金融

「お金」を扱う商売、金融業。必要な人に利息を取って用立てる、つまり金を融通する仕事。代表格の両替商、質屋の様子を見てみよう。

両替

■店先に天秤を出すのが両替商の証。中では大量の銭束を集計しているようだ（絵本士農工商）

両替屋

●りょうがえや

両替商の本来の役割は、こんにちの外貨邦貨の両替と同じく、金銀銭の三種の通貨を交換すること。江戸時代は流通する貨幣が大坂は銀、江戸は金と分かれていて、仮に銀決済で大坂へ物を売った江戸の商人は代金を金に替える必要があった。また、紙幣を小銭にするように金貨でも高額な一両小判を使い易い一分金（四枚で一両）などに替えた。

■「正直をもとでとすれば両替の栄ゆる運は天秤の音」（宝船桂帆柱）

天秤師

●てんびんし

江戸期の書物には、天秤は針口のことで「空に吊りたる秤なり」とある。二枚の皿に錘《おもり》と物を載せて重さを量る別名皿秤。針口は竿中央のバランスを示す針がある所で、天秤の要。下図の職人はこの針口を作成中。

■作業台には皿や分銅が見える（人倫訓蒙図彙）

■江戸時代、秤の製造販売は幕府の許しを得た京都と江戸の「秤座」による独占事業（人倫訓蒙図彙）

秤師

●はかりし

両替商が主に使うのが据置型の天秤だが、普通の商いで秤といえば棒秤（棹秤）のこと。錘を動かすだけで重さが量れて扱いも容易。携帯に便利なので、古物を買取る出商人には欠かせないものだった。

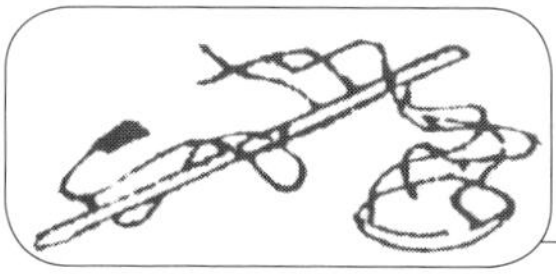

■携帯用の竿秤。皿に物を載せ、吊るしたおもりを動かす。重さが釣り合う所に刻まれた目盛りが重さを示す仕組み（商売往来絵字引）

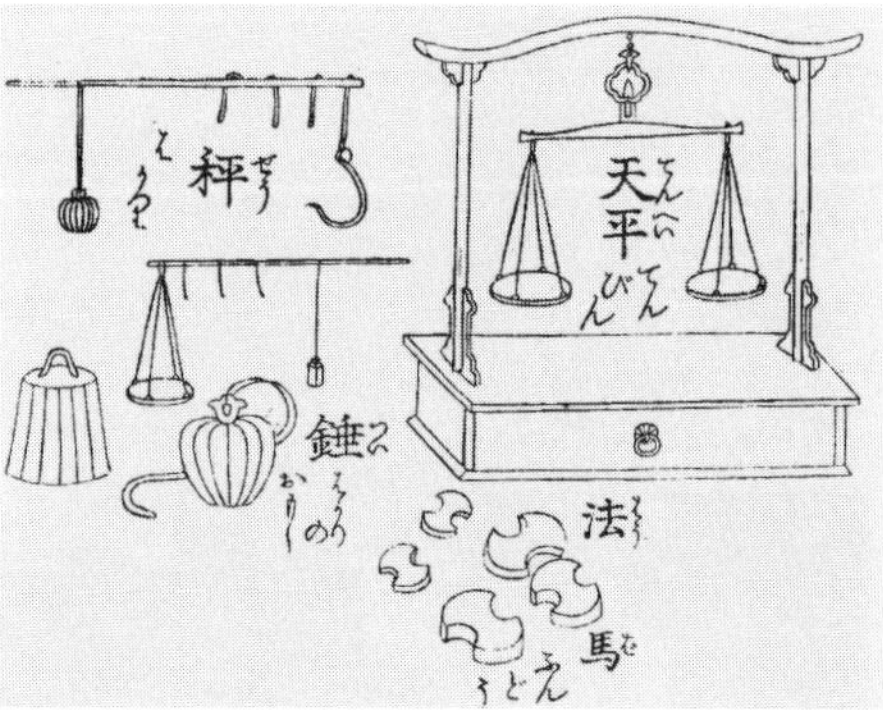

■両替商には欠かせない商売道具、天秤と分銅。一方に銀、他方に分銅を載せる（頭書増補訓蒙図彙）

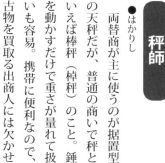

銭

銭緡売り

●ぜにさしうり

穴開き銭をまとめるのが緡。藁や麻で作って町に売りに出る。江戸は旗本の火消屋敷、京坂では京都所司代、大坂城代などの中間《ちゅうげん》の内職。中間は名字帯刀が許されない武家の下働き。

■行徳の塩が集まる日本橋の行徳河岸。銭で支払いをしているようだ（木曾路名所図会）

■一束を百文で売る銭緡売り（守貞謾稿）

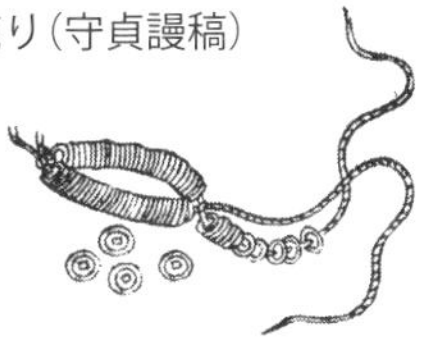

■細縄状の「緡」に通した銭（頭書増補訓蒙図彙）

銭座売り

●ぜにござうり

銭座は両替商や多く銭を扱う店で使うもので銭箱に貯まった銭を広げて緡を差す。古い紙をよって畳一畳分か半畳分に、莚状に編む。

■中間や足軽などが内職で作り、売った（守貞謾稿）

銭●庶民に最も身近な貨幣が銭。日常の買物に使い、仕事の手間賃も銭で受け取った。江戸時代を通じて広く通用したのが寛永通宝。幕府の定めで一両は銭四〇〇〇文だが、実際は日々の相場で変動。

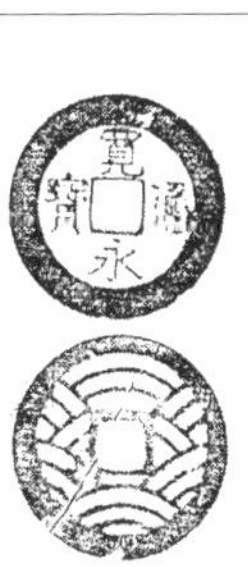

■裏に波の模様がある４文に通用した寛永通宝の波銭（寛永通宝見本帖）

質

■江戸中期の質屋看板（守貞謾稿）

■物の良し悪しを見極め、借り手の信用を証拠として金を貸すという（人倫訓蒙図彙）

質屋

●しちや

質物（質草）を預かって金を貸す質屋は、大岡越前守忠相が南町奉行在任中に質屋組合が定められ、江戸には二百五十組、二千七百余軒の質屋が営業権を持っていた。誰にでも出来る商売ではなく、開業にはその権利を買って組合に入る必要があった。

■「めでたさは産後のしちやならねども、金がかねうむ家ぞたのもし」。質物に囲まれてご満悦の主。まさに金を生む商売（宝船桂帆柱）

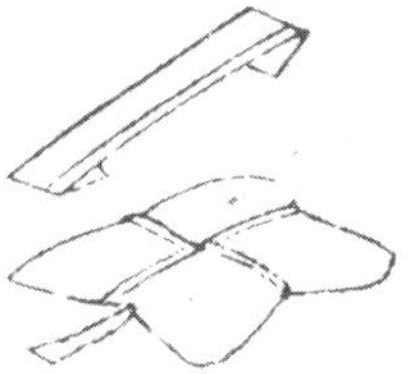

■質草。約束の日に元利揃えて払えなければ流される（商売往来絵字引）

問屋

運輸

人は歩くのが基本の江戸時代、荷物の移動は船が主体。大坂と江戸、あるいは松前を結ぶ大型の廻船があり、市中には荷を運び、人を運ぶ小型の船が行き交った。

問丸

●といまる

各地の生産者から品物を買い集め、大坂や他の都会へ出荷する人のことを荷主という。着いた荷を荷主に代わって求める商人に売り、利益を得る者を問丸といい、江戸の中期には問屋という。もともと売買の相場を毎日問い合わせる宿のことで、道中での問屋は馬、駕籠を出す所。

■灘伏見の銘酒、いわゆる下り酒が廻船で運ばれた日本橋新川、荷揚げの風景（江戸名所図会）

■各地から荷が集まる問丸（頭書増補訓蒙図彙）

船頭

●せんどう

大型廻船でも小船でも、船の長を船頭という。隅田川（大川）を行き来した速さが取り柄の猪牙船は一人で漕ぐ一挺櫓も、船頭という。

■大川を遡り、吉原通いに使われた猪牙船。やや大きい「三挺」は江戸中期に禁止となった（諸職人物画譜）

船宿

●ふなやど

日本橋、浅草界隈の船宿は、文化年間（一八〇四～一六）には六百余軒で、すべて川船宿。川遊びの船や荷船の手配が主な仕事だが、二階は客が頼めば男女の密会や、宴会の会場にもなった。

■浅草の船宿。船宿の親方は猪牙船や屋根を掛けた屋根船を何艘か揃え、船頭を待機させて客の注文に応じた（絵本江戸みやげ）

■船宿の行灯型看板。猪牙船、荷足、網船、釣り船を用意。荷足は小荷物を運ぶ小船（小野馬鹿村譃字尽）

船

渡守

●わたしもり

渡し船の船頭のことで大河、小川を問わず、船で対岸へ渡すことを仕事にしている。大河には所々に船の渡しがあって、往来の人の助けになっている。

■江戸時代は隅田川に架かる橋は五基と少なく、渡し船が活躍。図は吾妻橋と両国橋の間を運行した御厩河岸の渡し（江戸名所図会）

■公家や駕籠に乗ったままの武家が乗り合わせる渡し船（人倫訓蒙図彙）

船大工

●ふなだいく

文字通り船を造るのが船大工。木材の一大集積地、江戸の木場や南佐渡の宿根木のような廻船の寄港地には多くの船大工がいた。鎖国以来、異国へ行けるような大型船は禁じられたが、江戸後期には巨大な商船「千石船」が建造された。

■小は十石の艀から千石船まで手掛ける船大工（早引漫画）

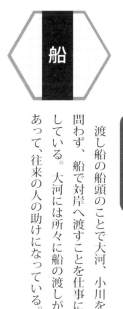

車借

●くるまかし

車借とは牛に荷車を引かせて荷を運ぶ、車遣いのこと。室町から江戸中期にかけて、主に京都周辺で活躍。『人倫訓蒙図彙』には京、大津にあって駿河や江戸の芝にもあるが、他にはないとある。

■問丸で荷を扱う車借（頭書増補訓蒙図彙）

■牛に鞭をくれる車借（人倫訓蒙図彙）

車作

●くるまつくり

車作は輪木と輻《や》と轂《こしき》の三つの部材を組み合わせて作る木工の仕事。タイヤに相当する輪木は六から八枚を接ぐ。二十枚内外の輻（スポーク）を渡し、中心には輻を束ねる丸い轂を付ける。

■轂にのみを当てる車作（人倫訓蒙図彙）

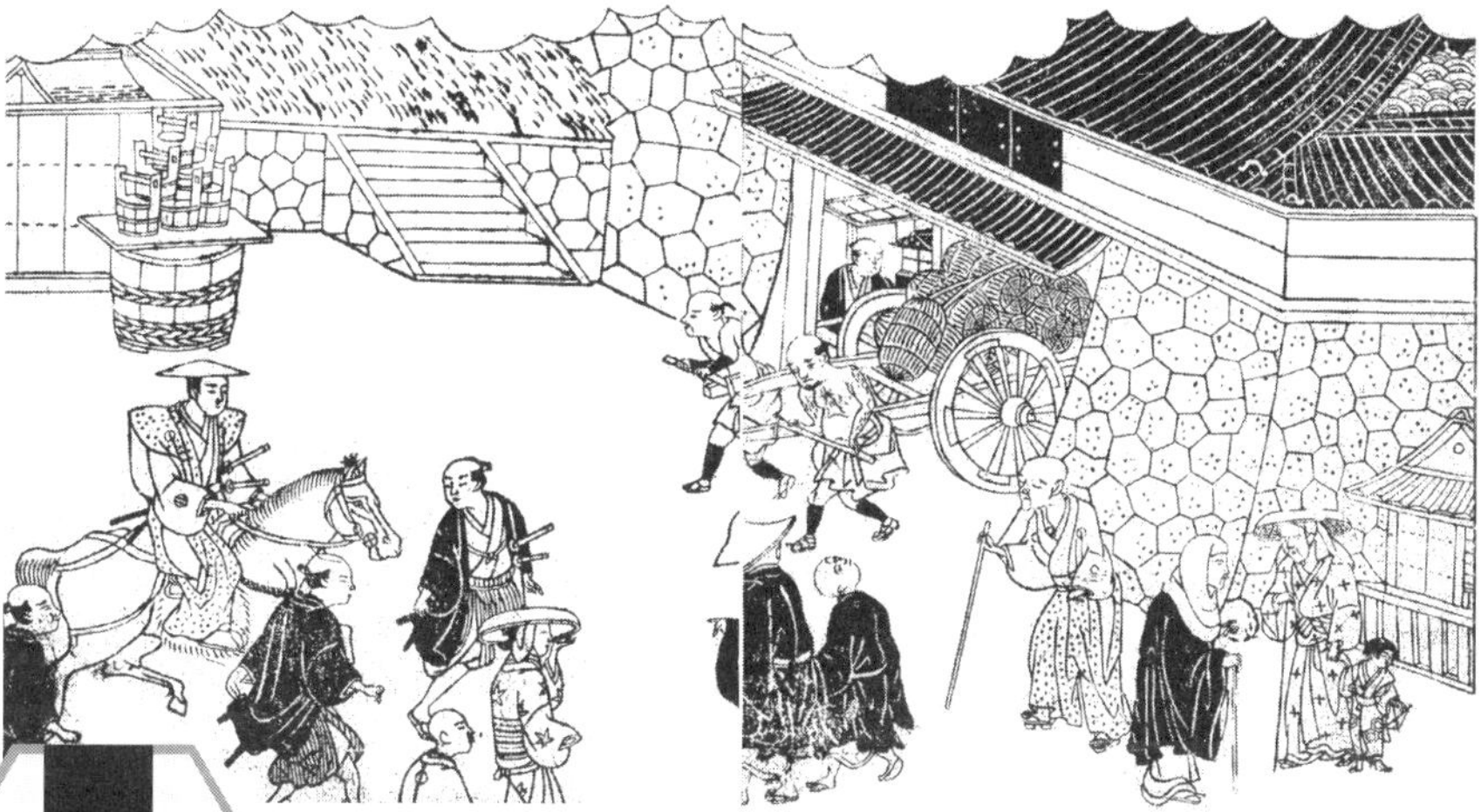

■神田にあった筋違御門から出てくる大八車。前に二人、おそらく後ろにも二人いる（絵本続江戸土産）

車

車引

●くるまひき

荷車を引いて荷を運ぶ車夫のこと。江戸は大八車、大坂では大八車より幅の狭いべか車を引く。どちらも二人ないし四人で、前の人が引いて後ろが押す。大八の楫《かじ》は前、べかは後ろで取る。

大八車●寛文年間（一六六一〜七三）に江戸で作られたという二輪車。簀子《すのこ》張りの台には、左右両側に四つずつ爪があり、荷を積んだらこの爪に縄を掛けて結び止める。

■車の軋みが気になり、油を注そうとする車引（今様職人尽歌合）

馬

■武家を乗せて馬を引く馬方（人倫訓蒙図彙）

馬方

●うまかた

馬の背に人や荷物を載せて運ぶ仕事で、馬子ともいう。五街道を始め、主要な街道筋の宿場には「問屋」があって、駕籠かきとともに馬方が待機している。

馬借

●ばしゃく

馬による運送業者を古くはこう呼んだ。『頭書増補訓蒙図彙』には、出版当時の江戸中期には馬指を馬借というとある。馬指は馬の引き手ではなく、宿場の問屋で差配をする役人をいう。

■右が馬借、左は伯楽。伯楽は馬を診る医者（頭書増補訓蒙図彙）

博労

●ばくろう

伯楽転じて博労●馬薬師（馬医師）をいう伯楽、「はくらく」が訛って「ばくろう」になったという。馬市で馬主と買手の仲介をするのが博労で、馬喰とも書く。日本橋馬喰町は市が立ち、馬喰が多くいたところからの町名。

■牛馬の仲介人、博労（今様職人尽歌合）

駕籠

■侍を乗せて浅草蔵前を行く駕籠かき。駕籠は広く町駕籠に使われた四手駕籠（絵本続江戸土産）

駕籠かき

●かごかき

先棒と後棒が呼吸を合せて駕籠を担ぐのが仕事。駕籠は市中で営業する町駕籠と街道筋の道中駕籠の二種類ある。町駕籠には路上で客を待って乗せる辻駕籠と駕籠屋に待機してお呼びがかかると出るものがある。道中駕籠にも二通りあって、宿場の問屋に属する宿場駕籠と流しの山駕籠がある。

■上野の花見客が乗るのは屋根の上に棒を渡した造りも豪華な「女乗物」。外を見るには引戸を少し開ける（絵本江戸みやげ）

■武家の駕籠を担ぐ六尺（頭書増補訓蒙図彙）

駕輿丁

かよちょう

皇族や貴族の乗物を担ぐのが駕輿丁。起源は古く奈良時代からある役目で、朝廷に所属。右図では武家の一行にこの言葉を使っているが、武家の駕籠かきは脇に添えた仮名のように「ろくしゃく」というのが普通。六尺、陸尺。

乗物師

のりものし

大昔は、輿《こし》や車（御所車）をまとめて乗物といったが、江戸時代には身分の高い人だけに許された「乗物駕籠」をいう。江戸中期の随筆『本朝世事談綺』には「乗物は足利義政の時に始まり、輿を略したもの。御所車の車を除いて屋形ばかりにしたのが輿。輿は車に輪のないもの」と書かれている。輿の屋形を支える二本の棒（轅《ながえ》）を一本にして屋根の上に据え、二人で担ぐのが乗物駕籠の標準形だが、乗手の身分によって構造や装飾は限りなく異なる。

■駕籠かきが用いる駕籠は別のところで作り、男女の乗物並びに公家が用いる板輿や網代輿等を作る（人倫訓蒙図彙）

宿

■宿に着いたらまずは草鞋を脱ぎ、足を濯いで旅の疲れを癒す（東講商人鑑）

旅籠屋

●はたごや

東海道のような街道筋の宿場には旅人を泊める宿があり、武家が公務で使うのが本陣または脇本陣。商人や遊山客といった庶民が利用したのが食事に風呂を提供した旅籠。旅籠屋は普通の平旅籠屋の他に、飯盛旅籠屋というのがあった。これは給仕をする体で、実は色を売る飯盛女を置く宿。

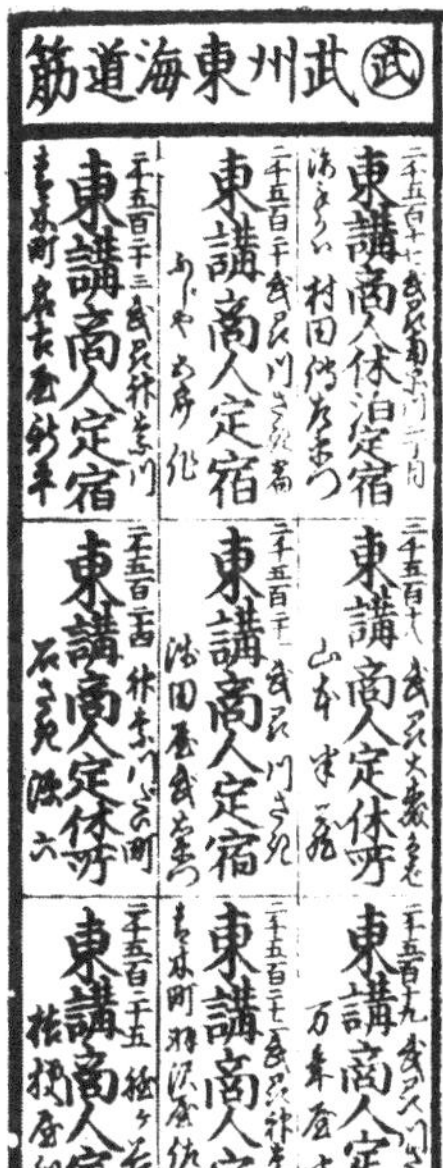
東海道五十三次 并 大和廻り 高野山 伊勢 金毘羅山道中筋

武州東海道筋

東講商人休泊定宿

東講商人定宿

東講商人定宿

東講商人定休所

東講商人定宿

東講商人定休所

東講商人定休所

東講商人定宿

東講商人定宿

■東日本の商人宿を中心に周辺の商店を紹介した『東講商人鑑』に載る、東海道の商人宿。

■看板に浪花講とある。この「講」は同業組合のようなもので、こちらも東講同様、講に加盟の宿だろう（奥羽道中膝栗毛）

飛脚

●ひきゃく

文書類を走って配達するのが飛脚。幕府御用の継飛脚や各藩の大名飛脚、そして町民の町飛脚がある。売り手の集まる京坂から大消費地の江戸へ向かう町飛脚は、名付けて三度飛脚。およそひと月で往復する並飛脚は費用が安く済む定期便で、毎月三度往復する。この他、所要日数に反比例して料金が割高になる十日限、六日限、四日限仕立て飛脚などがある。

■江戸への「六日限」荷物一貫目に付銀六匁（一両の十分の一）と高額。ちなみに高給取りといわれた大工の手間賃が日に五匁（人倫訓蒙図彙）

飛脚

■棒の先に風鈴を下げた便り屋の荷箱。風鈴の音を聞きつけて頼むこともできるし、便り屋に近い人は直接店に持って行く（守貞謾稿）

便り屋

●たよりや

便り屋は、江戸市中の狭い範囲で配達を請け負った町飛脚。日本橋葭町の口入屋（職業斡旋所）が浅草と芝に出店を設け、日本橋界隈の用は葭町を中心に集め、品川などの遊び場所の分は芝に、新吉原の手紙などは浅草に集めた。こうして集められた手紙などは、各々配達地に近い店が担当。小荷物も運ぶ便利屋だった。

■並飛脚は夜になれば旅籠で一泊する（近世奇跡考）

江戸の
豆知識

【江戸時代のお金の話】

●標準通貨は金貨　時代劇には質の悪そうな商人が袱紗から金包みを出して「まずはこれを」と浪人者に殺しの前金を渡したり、幕府の役人に賄《まいない》を差し出す場面がよくある。包みは一両に通用した小判が二十五枚、あるいは五十枚。こうした大きな取引や値の張る商品を扱うには金貨が欠かせない。金貨はかさばらない小判の他に一分金、二分金、一朱金、二朱金がある。一分金は四枚で一両、一朱金四枚は一分。金貨、銀貨、銭。この三つが江戸時代に使われたが、金貨は額面通りに通用するいわば定額貨幣。これに対して銀貨は、大型の丁銀と豆板銀という小型の銀貨があったが、ともに天秤にかけて重さを量った上で値が決められた。煩瑣なものだが、時代が下ると金貨と同様に通用する一朱銀、二朱銀、一分銀などが登場する。

●金は武家、銀は商人、銭は民　大雑把にいえば、金貨は主に武士階級の通貨で、銀貨は商人のもの。そこで、江戸は金貨が中心に使われ、京坂では銀貨。幕府が定めた金銀の交換率は、金一両が銀六十匁（匁は重さの単位）とされているものの一定ではなく、毎日相場が立ってそこで決まった。

　庶民の暮らしは何と言っても銭が主流で、単位は「文」。蕎麦一杯が十六文。公式には金一両が四千文だが、銭のレートも日々の相場で変動した。

■左から寛永通宝、豆板銀、丁銀（昭和小銭価格図譜）

■１枚が１両の小判。その色から山吹とも呼ばれた（世志此銭占）

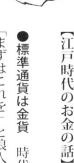

第二章・住まい

家の普請と暮らしの道具

普請

◆筏師◆杣人◆梃者◆木遣◆木挽◆材木屋
◆大工◆屋根葺◆瓦師◆左官◆石灰屋◆砂土売り
◆樋竹売り◆畳師◆畳表屋
◆石工◆石売女◆庭師◆庭石屋◆植木屋◆植木売り
◆箒師◆箒売り◆井戸掘り

建具

◆建具師◆唐紙師◆錺師◆表具師◆経師◆刷毛師

調度

◆道具屋◆唐物屋◆金物屋
◆指物師◆曲物師◆籠目結◆葛籠師◆円座◆莚打◆筵打
◆蚊帳屋◆蚊帳売り◆御簾師◆簾売り◆火桶作◆炭団売り
◆時計師◆暦売り

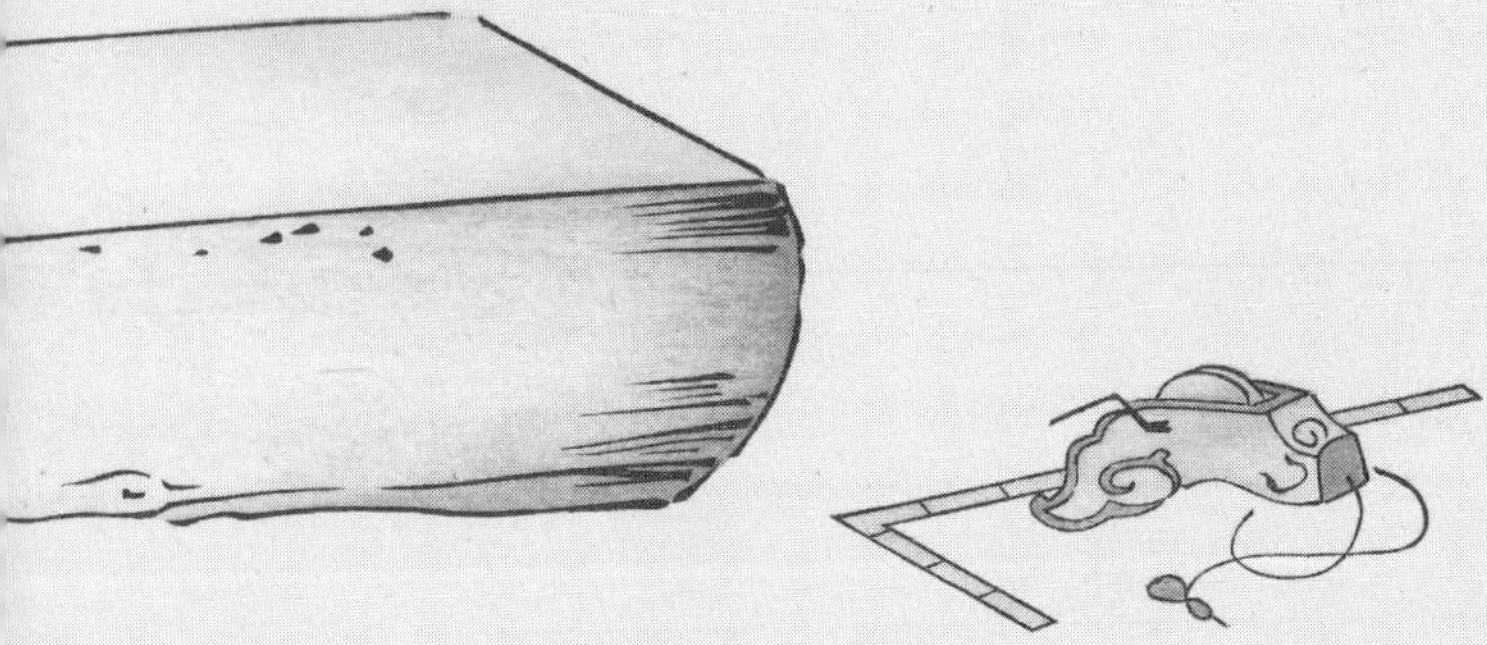

台所

◆竈師◆荒神松売り◆付木屋◆灰買い◆瓦製品売り
◆大原女◆薪屋◆樵夫◆炭焼◆炭薪屋
◆銅器売り◆焙烙売り◆鋳物師◆鋳掛師◆鍋のつる売り
◆桶結師◆桶売り◆水嚢師◆笊売り◆鼠取薬売り◆桝師
◆荒物屋◆針金売り

◆瀬戸物屋◆瀬戸物焼継◆継物師◆塗物屋◆椀家具屋
◆楊枝師◆箸師◆古椀買い
◆漆掻◆漆屋◆塗師◆蒔絵師◆堆朱彫◆青貝師◆金粉師
◆木地師◆土器師◆陶物師◆硝子吹◆錫師

器

■工匠（彩画職人部類）

灯り

◆油屋◆油売り◆蝋燭屋◆蝋燭の流れ買い
◆提灯屋◆提灯張替え

■出職（諸職人物画譜）

暮らしの基本、住まい造りを支えるのは職人の仕事

日々寝起きする家。何世帯もが暮らす裏長屋もあれば、豪商の邸宅もある。この章では、家が建って灯りが灯るまで、どんな仕事が関わっているかを材木の調達から順に紹介する。まずは建物の基礎から構造。柱、梁を組んで棟上。屋根を葺き、壁を塗るとひとまず雨露はしのげる。畳、戸障子が入れば竣工。住む場所が出来たら次は家財道具。住人の暮らし向きで、その持ち様は随分違うが、一応居室と台所に分けて、暮らしの道具類を作る人、売る人の仕事ぶりを見て行く。

●居職と出職　大工、左官、屋根葺、庭師。建具師、表具師、器作りの塗師や陶工。どれも職人の仕事で、普請を担う大工や左官、屋根葺は現地へ出掛けて仕事をする「出職」の代表格。一方自宅で細工をするのが「居職」。箪笥などの箱ものを作る指物師、桶師、籠結など、家で使う暮らしの道具を作る。日用の品をすべて手作りしていた江戸時代には幾多の居職人がいて、人びとのいとなみを支えたのだ。

●徒弟制度　商人になるには、幼少の時分からお店奉公をする。職人も同じで、出職、居職の違いはあっても、皆見習いの時期を経て一人前になる。十歳かそ

■居職（諸職人物画譜）

こらで親方のところへ弟子入りをして十年。一年のお礼奉公を終えて、親方から道具一揃えをもらってめでたく独り立ちとなる。

木と土と紙でできている江戸の住まいは、当たり前だが火に弱い。想像を絶する大火が何度も起き、町内が丸ごと焼けるような火事が頻繁に起きた当時は、建築に携わる出職人は引きも切らず仕事があった。

●職人の給金　江戸の後期に書かれた風俗誌『守貞謾稿』によると、江戸では大工に決まった賃金はないが平日でだいたい銀五匁、火事の後人手不足になると倍になったという。銀は六十匁で一両。月に二十日余りで二両となる高給取りといえる。左官や障子張り、屋根瓦を葺く職人なども同様の手間賃。

●ものは捨てない江戸の暮らし　日用の道具や衣類、夜具の果てまで古物を商う店で求めれば用が足りた当時、所帯道具が一式揃う昨今のリサイクルショップのような道具屋がいくらもあった。揃えた品々が壊れれば捨てずに直して使う。道具一式を携えて町内を回り、声が掛れば鍋釜をその場で直す鋳掛屋。瀬戸物、塗物の器も、技を持った職人が直す。

また、不用な古物の買取りも盛んで、道具はもちろんのこと、竈の灰や蝋燭の残骸も買取って行く。

再使用、再利用が普通だった時代には再生の仕事をする専門家がいて、巡り巡って狭いながらも楽しい我家の暮らしを助けたといえる。

普請

木と土と紙で作られた江戸時代の住まい。材料の主役材木から始めて、棟上、屋根葺きに壁塗りと順を追って建物の骨格作りに携わる仕事を見てみる。

■筏に組んで河口まで木材を運ぶ（人倫訓蒙図彙）

筏師

●いかだし

山から切り出した木材は谷川に落として、流れに乗じて運び出す。上図のように杣人が鳶口を持ってこれを引き回す。切り出した木を筏に組み、川を下るのが筏師の仕事。

材木

杣人

●そまびと

『日本山海名物図絵』には、山中で木を切って生活する者を杣というとある。奥山でどんな大木を切り倒すのにも、枝などを打つことはやらず、始めから木の根の所をまさかりで切り倒す。信濃国の木曽は木を多く出す所で、山奥に行く杣人の道しるべには小枝をさしていくという。

■棒の先に鉤が付いた鳶口を自在に操り、切り出した木を川に落とす「材木流し」。流れの速い川面を飛び回る様はあたかも猿の如し（日本山海名物図絵）

■まさかりで杣木を切る杣人
（日本山海名物図絵）

梃者

●てこのもの

普請の場で大木や大石を引き動かすのが梃者。左図では大木の下に小振りな木をかませようとしている。鳶口を打ち立てて引く事もある。

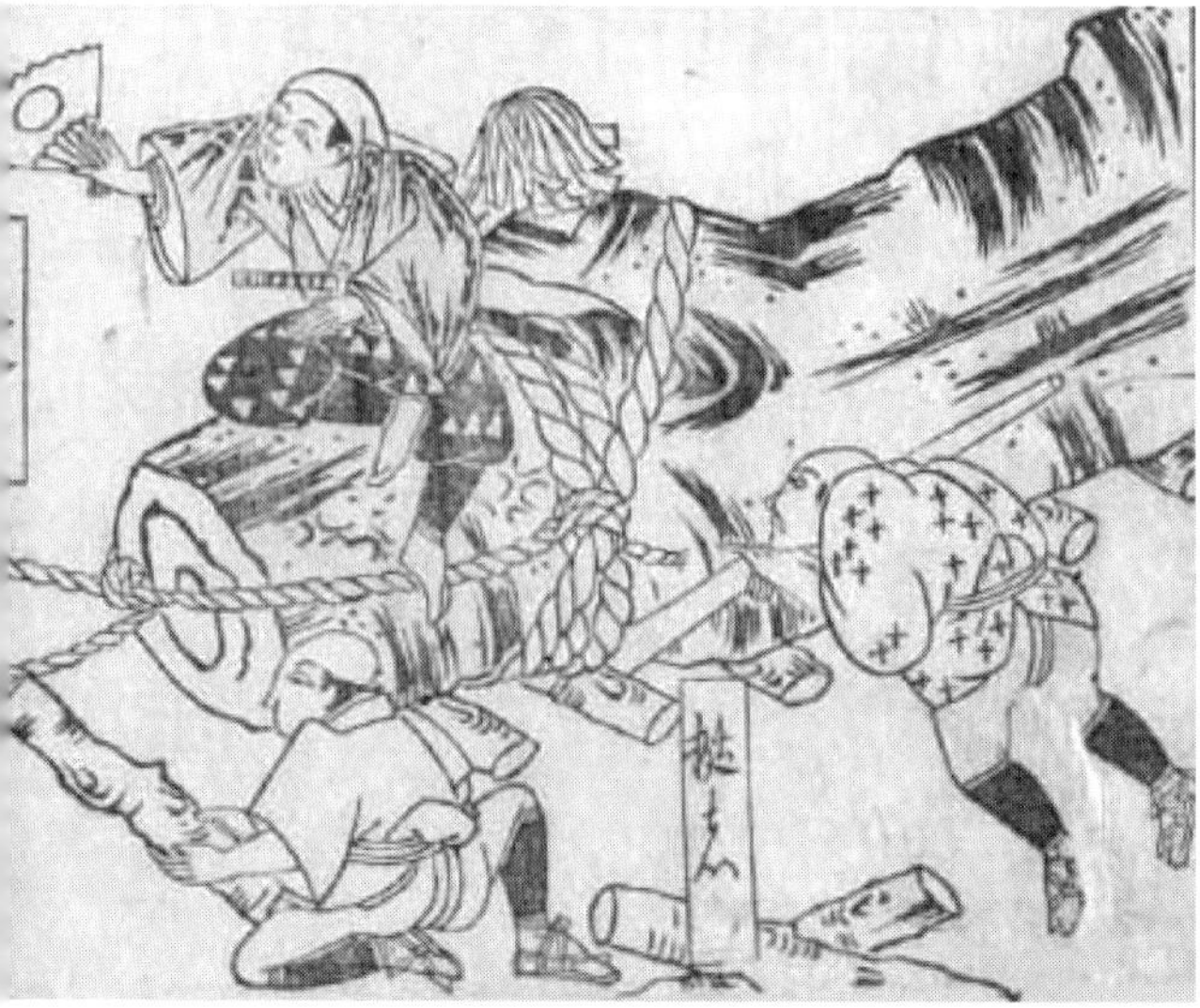

木挽

●こびき

■主に材木商のもとで働く木挽（宝船桂帆柱）

材木を大きな鋸で挽いて、板や角材に仕上げるのが木挽職人。材を縦に、木目に平行に挽き割る。図はひとり用の「前挽」を使っているが、身の丈を超える長さの「大鋸」を二人で挽くこともある。

木遣

●きやり

木遣といえば良い声で鳶者が歌う木遣歌がよく知られるが、元々は普請場で大木大石を引く際に引手に発破をかける役目をいう。

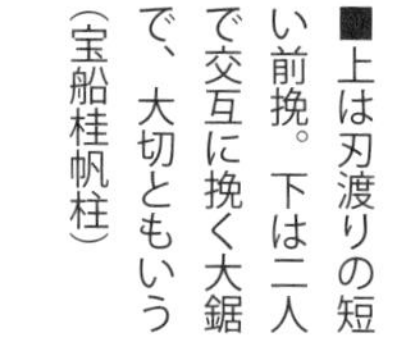

■上は刃渡りの短い前挽。下は二人で交互に挽く大鋸で、大切ともいう（宝船桂帆柱）

材木

■木遣が扇をかざして励まし、大木を引いている。京坂では地固めのときにも行った（人倫訓蒙図彙）

材木屋

●ざいもくや

江戸の初期に造られた広大な貯木場、深川の木場には縦横に流れる堀に材木を浮かべ、注文があれば筏にして注文主へ送る材木商が集まっていた。材木を仕入れて売る商売だが、『人倫訓蒙図彙』には、白木や各地の檜を売る店だとして、京都の店のありかを記している。そこへ檜物師、仏師をはじめとして檜を扱う職人が買いに来るという。

■材木の色々（商売往来絵字引）

■京都の材木屋（人倫訓蒙図彙）

■江戸の材木屋（宝船桂帆柱）

大工

●だいく

言葉の意味には変遷があるが、江戸時代以降大工といえば木造家屋を建てる木工のこと。図では「番匠」に「だいく」と仮名が振ってあるように、番匠も大工と同義に用いた。番匠は本来順番に交代で務める「番上」の匠を意味する言葉で、奈良平安の頃に大和や飛騨から交代で京に上って宮廷の新改築、修理を担った大工のこと。

江戸時代の大工は職人の中でも高給取りで、『守貞謾稿』によると大坂は日に四匁三分。江戸に決まりはないが銀五匁から五匁五分で、大火の後諸国から応援の手が来ないうちは十匁余りになるという。一両は銀六十匁、五匁なら十二日で一両稼げる。昼食を含めて日に三回の休みを取り、実働は二時《とき》（約四時間）。

■釿（ちょうな）で材木を削り、表面を平にする番匠（宝船桂帆柱）

■鉋を調える大工。手前の道具は曲尺と墨壺（絵本士農工商）

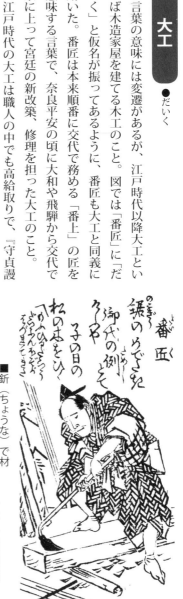

棟上

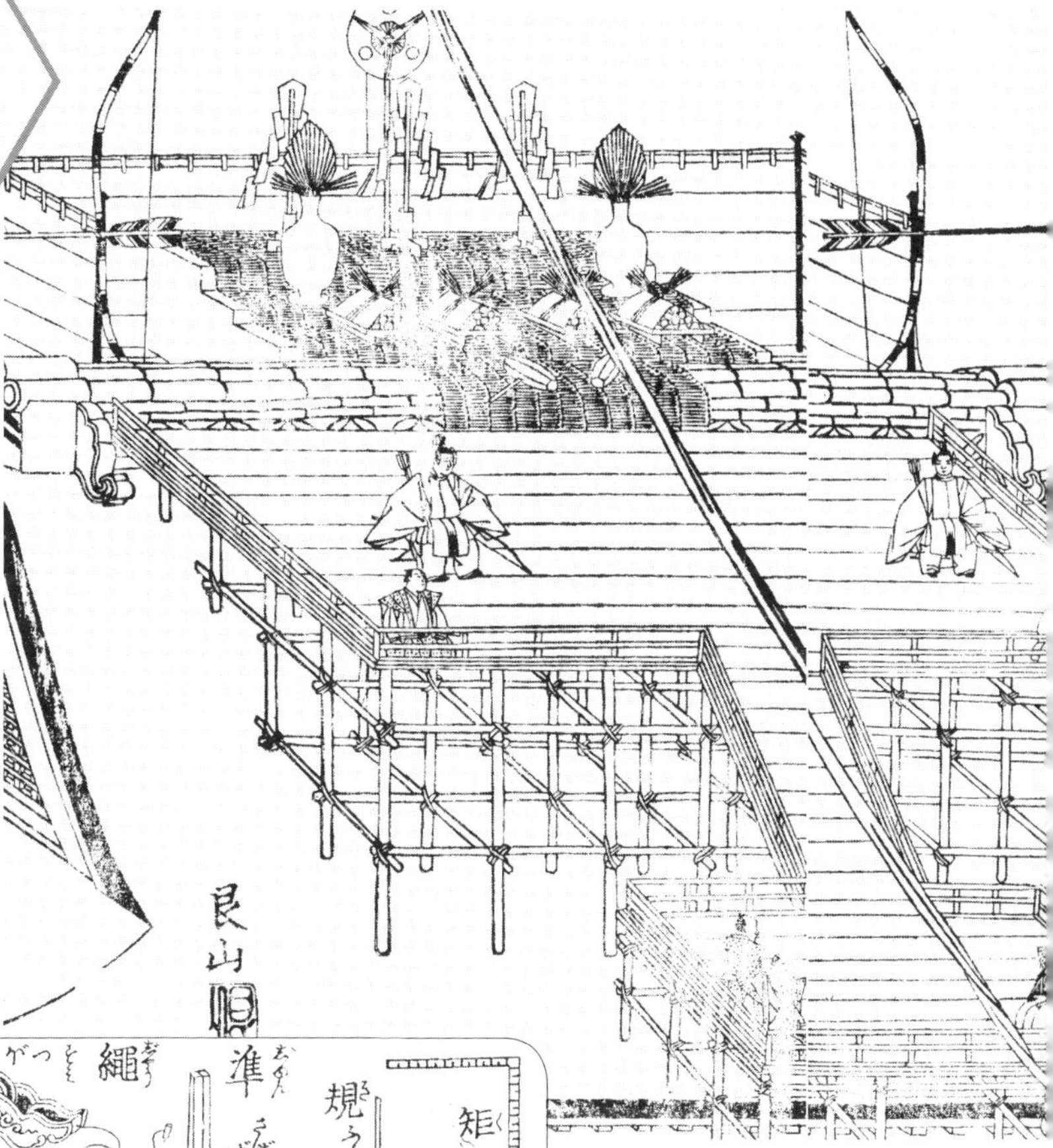

■棟上の儀式の様子。棟上は屋根のトップに棟木を据える際に行う、いわゆる建前のこと（番匠往来）

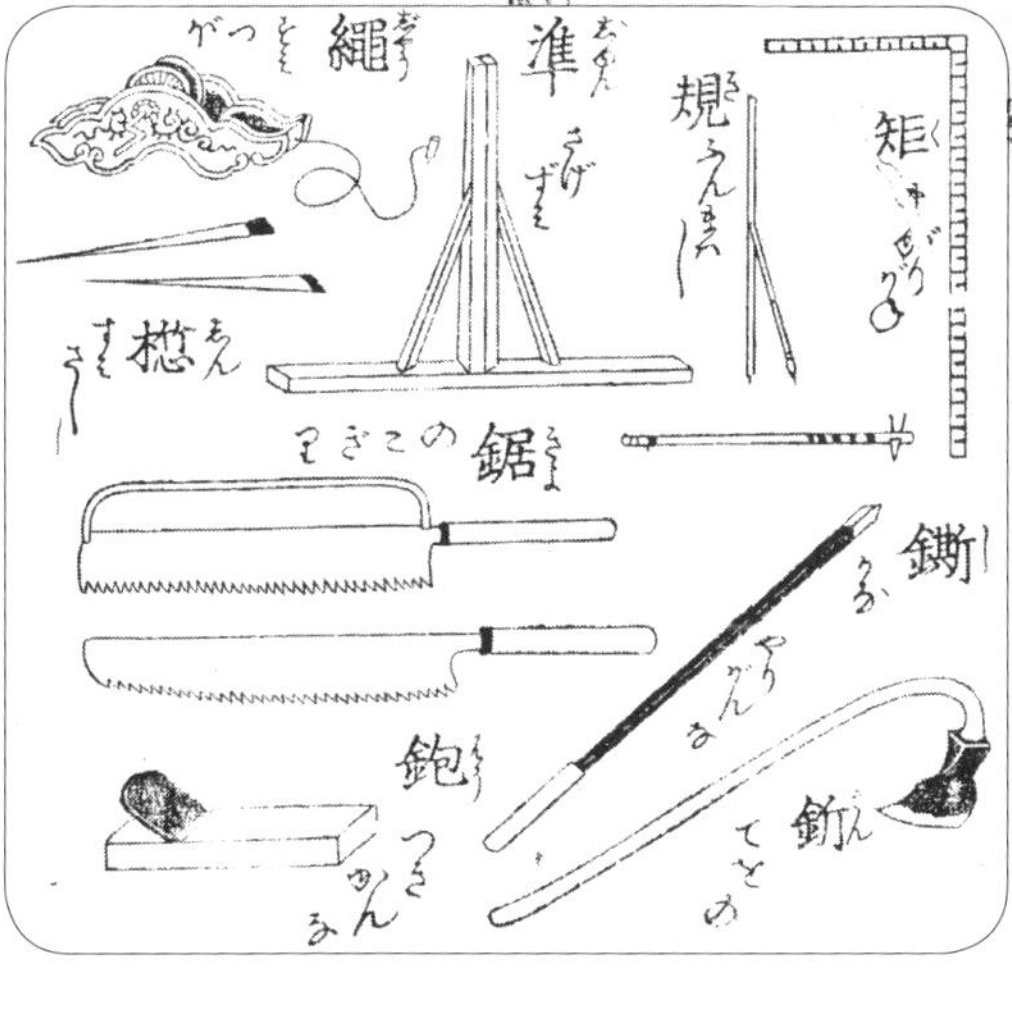

■大工道具の色々。右上から時計回りに、曲尺、槍鉋、手斧、鉋、鋸、墨差、墨壺、下墨、ぶん回し。下墨は柱等の傾きを見る道具、ぶん回しはコンパス（頭書増補訓蒙図彙）

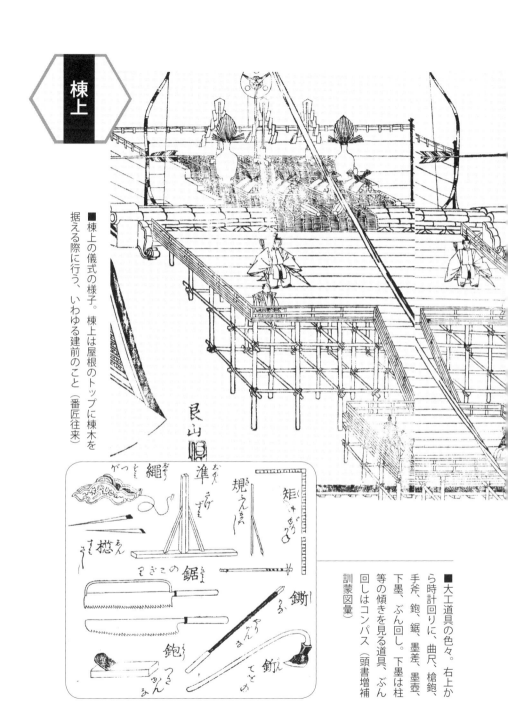

屋根葺

●やねふき

屋根の葺き方には瓦葺き、草葺き、板葺きと色々ある。江戸幕府が開かれた頃の江戸の民家の屋根は草葺きだったが、慶長六年（一六〇一）、日本橋駿河町から火が出て、江戸全土が壊滅。屋根が原因とされて草葺きが禁じられ、以後は板葺きとなる。一律に瓦葺きに移行すれば良さそうなものだが、市中の民家に瓦葺きが許されたのは享保年間（一七一六～三六）、八代将軍吉宗の時代。その後蔵は瓦、他は瓦と板の併用だったようだ。

■長さ一尺ほどの屋根板を重ねて木釘で打ちつける。これを柿（こけら）葺きという（絵本士農工商）

■『商売往来絵字引』に載る屋根板。檜、松、へぎ板、その数は大変多いとある。

■家業に励む屋根葺（宝船桂帆柱）

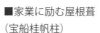

屋根

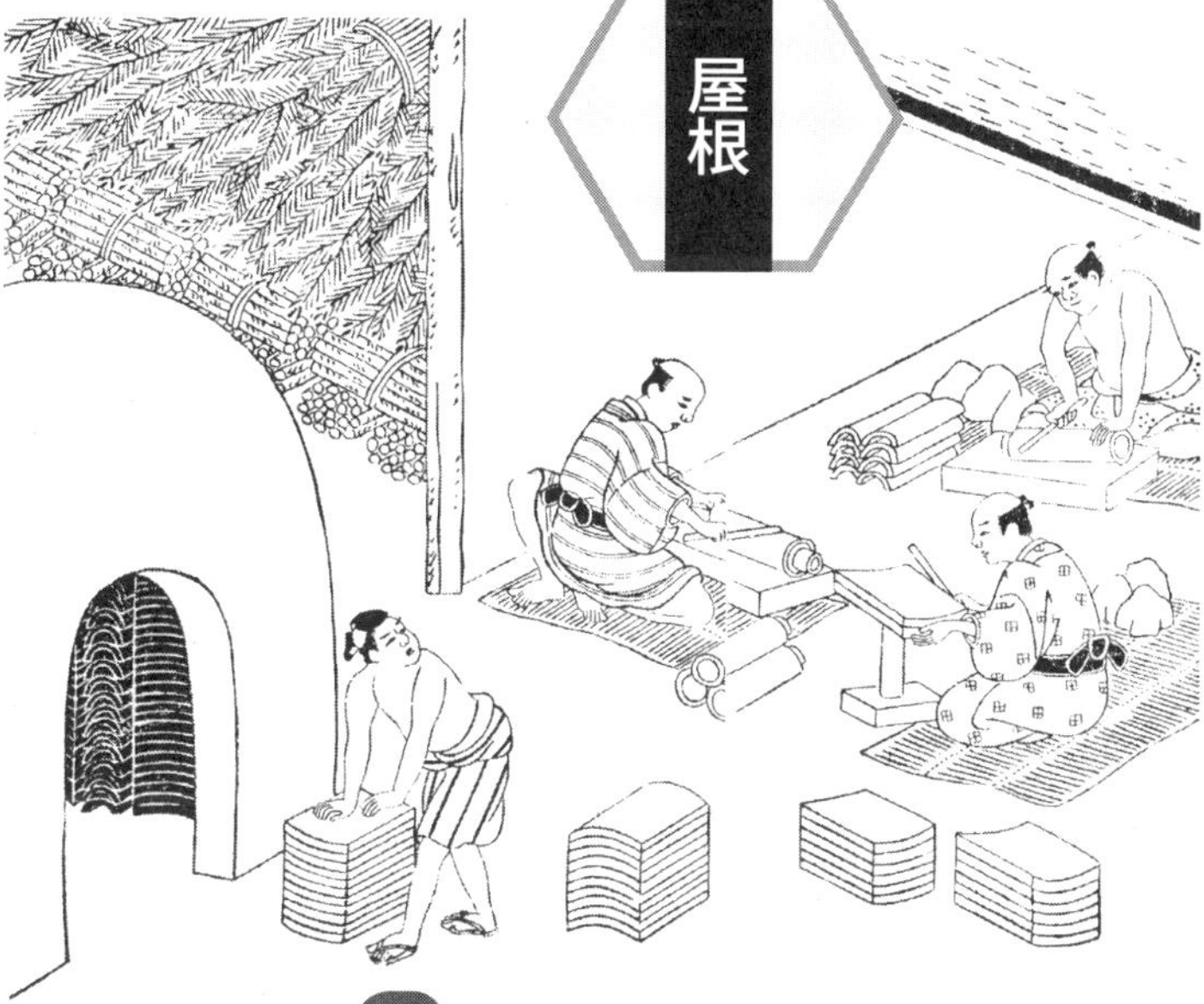

■『日本山海名物図絵』に載る「大坂瓦屋町瓦師」の図。大坂東高津、西高津の土は色も性質も良く、瓦に焼いても美しく強いとある。その昔、仁徳天皇が「高きやにのぼりて見れば煙たつ民のかまどは賑いにけり」と詠んだのは当地のことだという。

瓦師

●かわらし

屋根を葺く瓦を焼くのが瓦師。民家に瓦葺きが普及したのは江戸の中期からだが、瓦の歴史は古く、聖徳太子が天王寺を建立した時の屋根は瓦葺き。寺院や城などは上図にあるような、やや湾曲した板状の平瓦と、図の奥に見える丸瓦を組み合わせて葺く本瓦葺き。民家用は丸と平が一体化した簡略型の桟瓦《さんがわら》を主に使用。

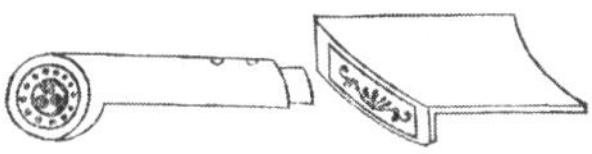

■本瓦葺きに使う平瓦と丸瓦（番匠往来修理大成）

■浅草今戸の瓦師。図に添えた狂歌は、高きやにのぼりて見れば煙たつ竃にぎわう今戸瓦師（宝船桂帆柱）

左官《さかん》

■壁の荒塗りに使う荒壁土に混ぜる藁を刻む職人（今様職人尽歌合）

大工とともに家の普請に欠かせない、鏝匠、壁塗、泥工とも呼ばれた壁を塗る職人が左官。江戸も京坂も大工と同じ手間賃を取り、仕事に鑑札は要らない。新年を迎えるにあたって、出入りのお店や家を回って竈の塗り替えをする人もいる。

■杇（鏝）を利かせる左官（宝船桂帆柱）

■壁土を塗る道具、鏝の色々（宝船桂帆柱）

樋竹売り《といだけうり》

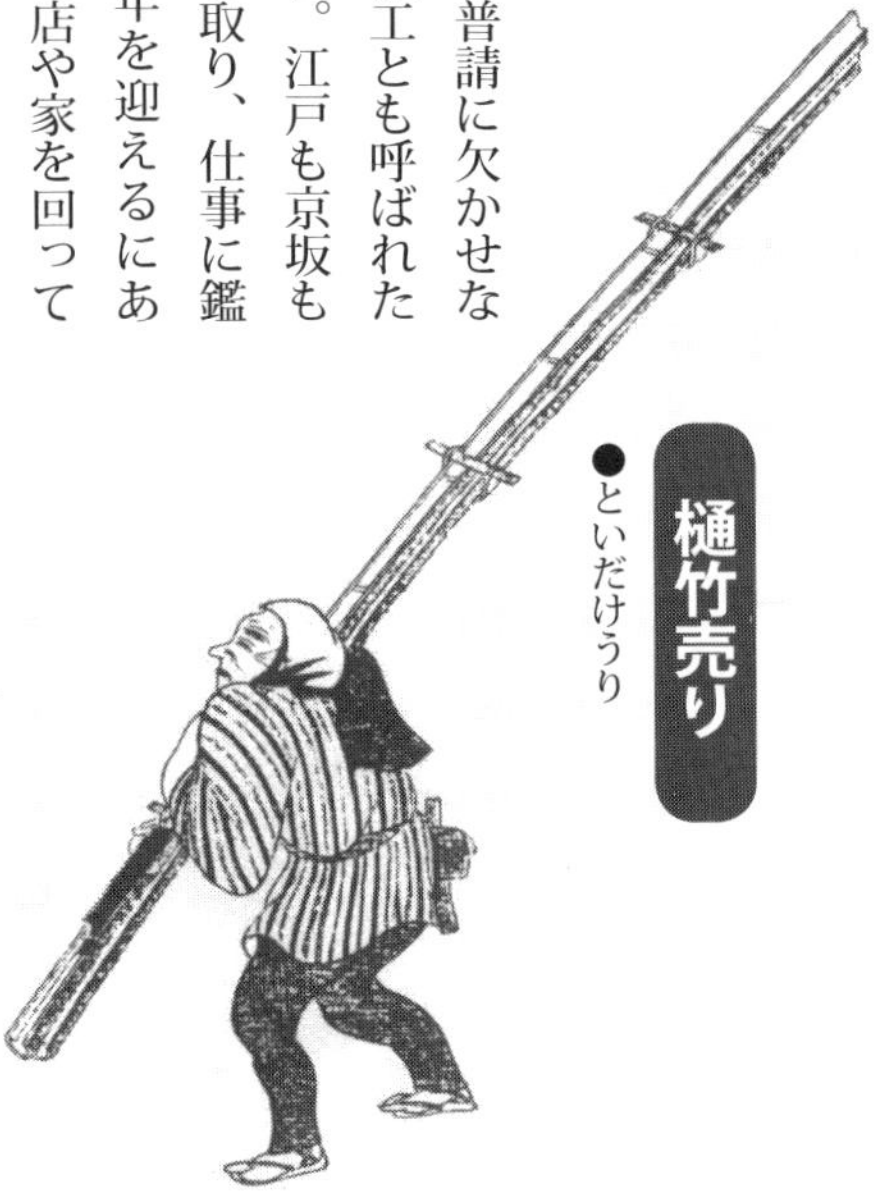

■樋竹売り（今様職人尽歌合）

樋竹●軒に渡して屋根の雨水を受け止める樋にする竹が樋竹。主に真竹で作られる。担いで売り歩き、売り言葉は「とゆだけ」「とひだけ」。

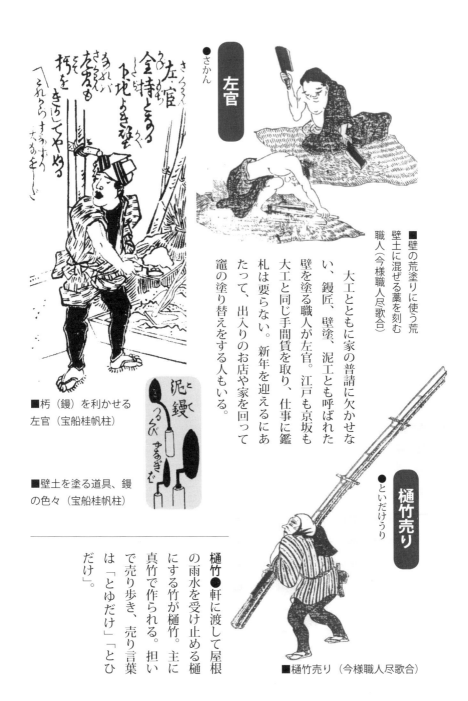

壁

■外壁を塗る左官（絵本士農工商）

石灰屋

●いしばいや

「いしばい」は石灰石を焼いたもので、壁や天井などの漆喰塗の材料として使った。漆喰塗は土蔵や城の外壁の仕上げによく用いられた。

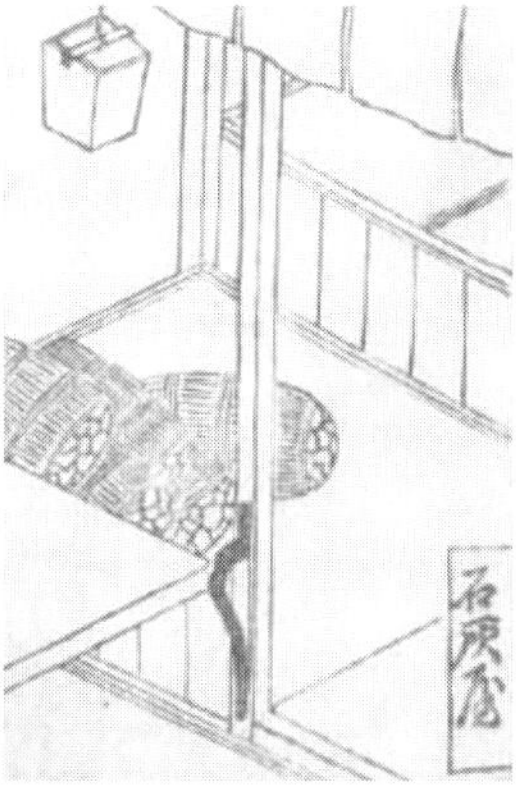

■俵詰めで売る石灰（人倫訓蒙図彙）

砂土売り

●すなつちうり

■牛が往来の邪魔をして顰蹙を買ったという（人倫訓蒙図彙）

一人で何頭もの牛を引いて縄袋に盛った砂、土を売り歩く。『人倫訓蒙図彙』には、六尺五寸の升で計り、砂十三匁、砂利三十匁、土は二十五匁とあるのだが、升の大きさには疑問が残る（一尺は約三十センチ）。

畳師
●たたみし

畳は東西で大きさが異なる。京都を始め西日本の民家は柱間の寸法が六尺五寸の「京間」で、畳は六尺三寸。関東はやや短い「田舎間」だが、畳師の仕事は変わらない。まず藁で床を作り、藺草《いぐさ》の表を被せて縫い付け、仕上げに布製の畳縁を付ける。表を取り替える畳替えも畳師の仕事。

■左頁の図に比べて数で勝負をしているように見える畳師（宝船桂帆柱）

畳表屋
●たたみおもてや

藺草と麻糸で織る畳表は、生産地の名が付いた備後表、豊後表、近江表などある。備後は広島、豊後は大分、近江は滋賀県。幕府にも献上された備後表が最高級品。

■「商いも広しま備後備中や琉球まででも響く繁昌」（宝船桂帆柱）

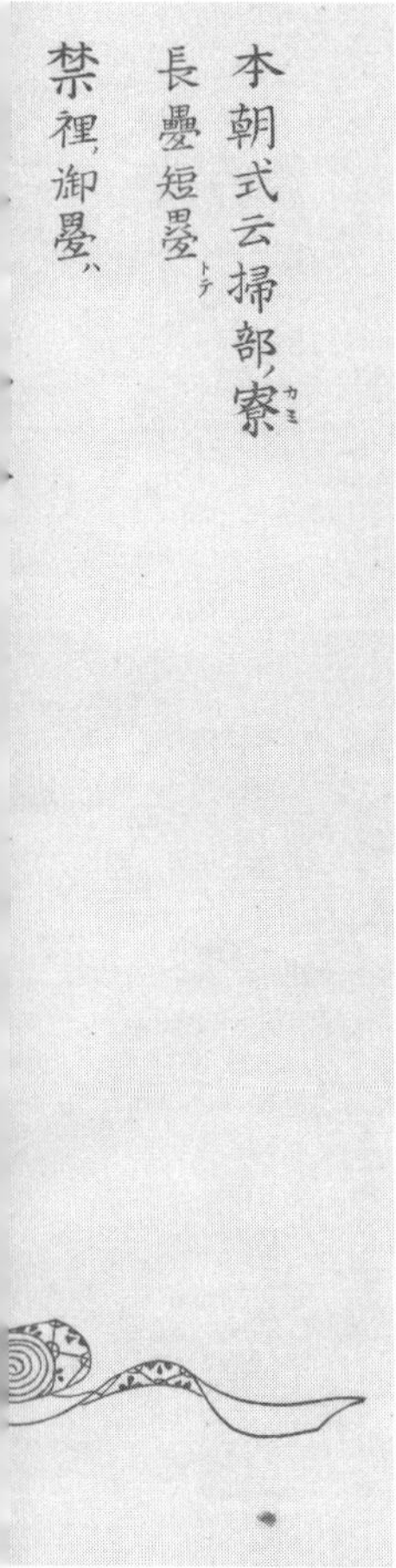

■専用の針で縁を縫い付ける畳師。身形からすると貴人の館のお抱えだろうか（彩画職人部類）

畳

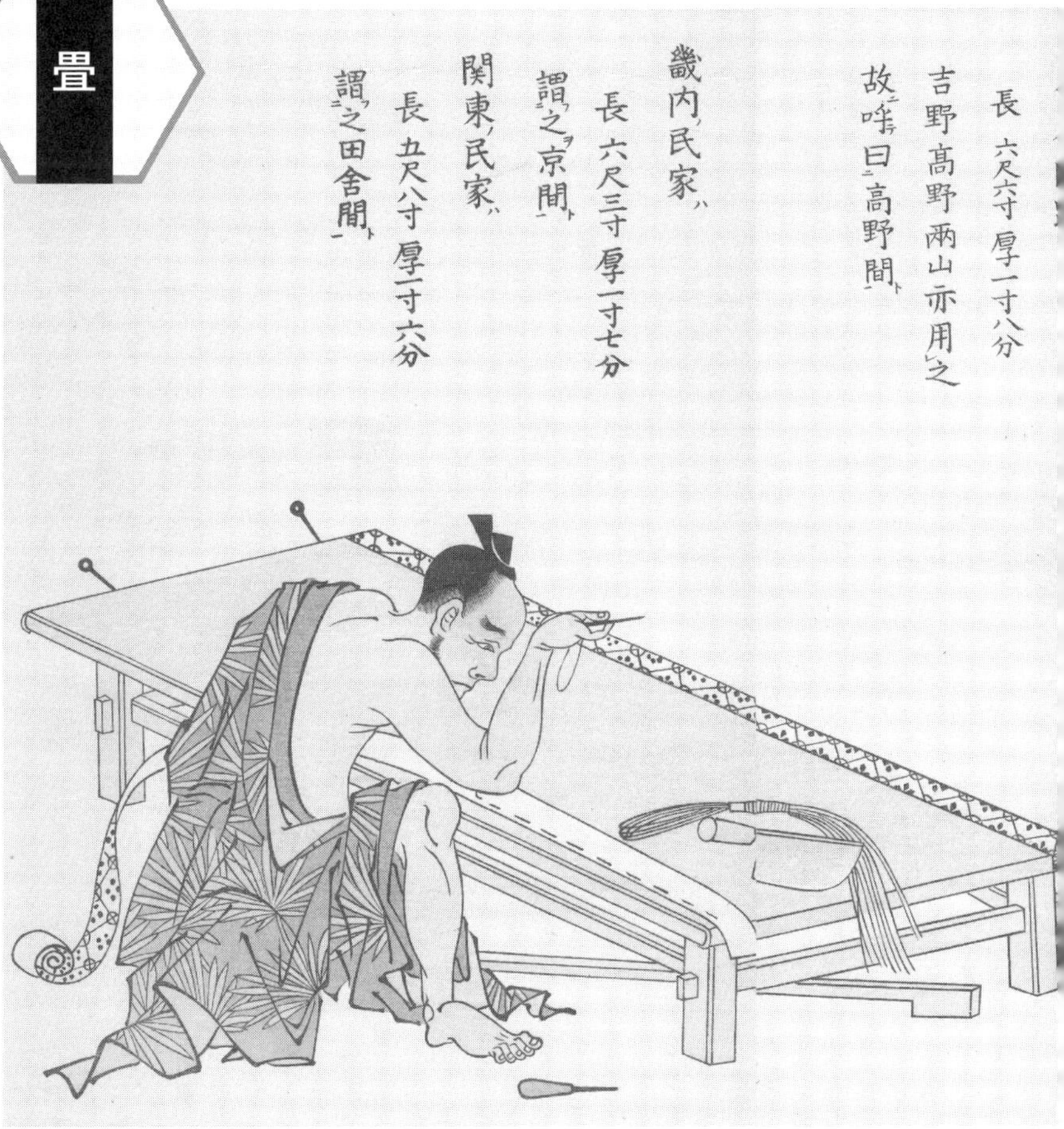
長六尺六寸 厚一寸八分
吉野高野両山亦用之
故呼曰高野間
畿内民家ハ
長六尺三寸 厚一寸七分
謂之京間
関東民家ハ
長五尺八寸 厚一寸六分
謂之田舎間

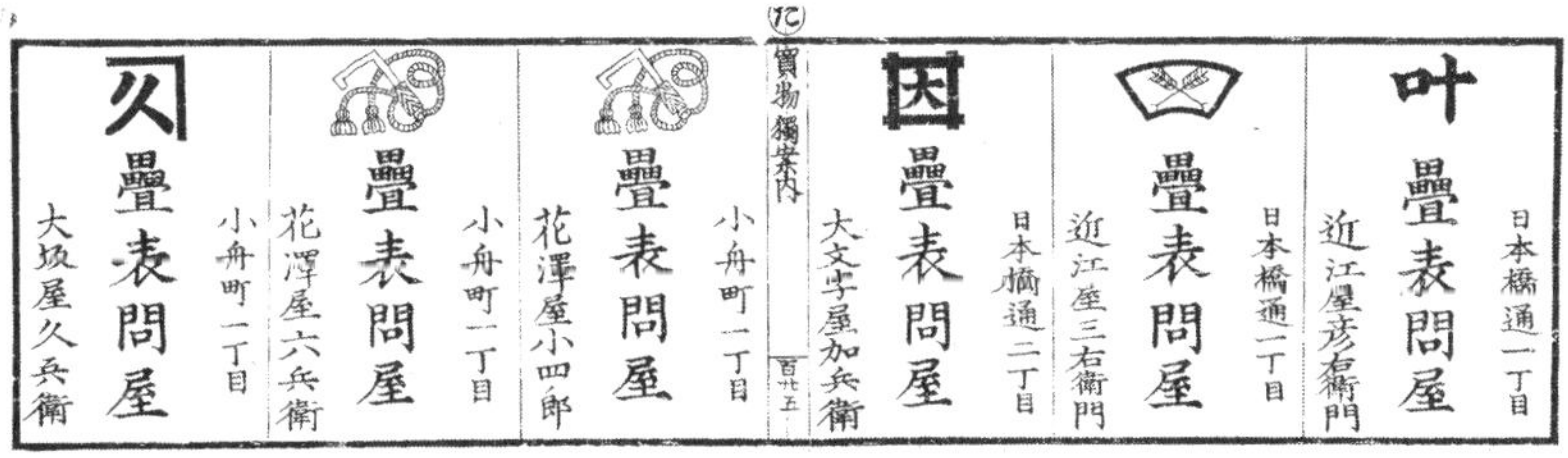
叶 畳表問屋 日本橋通一丁目 近江屋彦右衛門
畳表問屋 日本橋通一丁目 近江屋三右衛門
因 畳表問屋 日本橋通二丁目 大文字屋加兵衛
た 買物獨案内 百廿五
畳表問屋 小舟町一丁目 花澤屋小四郎
畳表問屋 小舟町一丁目 花澤屋六兵衛
久 畳表問屋 小舟町一丁目 大坂屋久兵衛

■『江戸買物独案内』に登場する日本橋の畳表問屋。文化年間（1804 ～ 18）には御府内に 44 軒の問屋があった。

石

■「正直の心はかたき石切のゆるがぬ身こそたのしかりける」（宝船桂帆柱）

石工
●いしく

石を切り出し、加工するのが石工の仕事。大は城の石垣や石橋から石灯籠、手水鉢まで多岐に亘る。石を割るにも刻むにも、鑿を当てて玄翁《げんのう》で打つ。図の職人が右手に持つのが玄翁。

■石切、石大工ともいった石工（人倫訓蒙図彙）

石売女
●いしうりめ

■所の決まりで一日の荷は馬一頭分の「一駄」（人倫訓蒙図彙）

京の石●『人倫訓蒙図彙』には「都の北白川の里は石を切り出している。溝石、柱の束石などは女の仕事として、馬につけて京に出る。町の石切のいる所は寺町通だ」とある。束石は、床下で柱を支える礎石のこと。

庭

庭師

●にわし

庭造りは古くからあって、石を置いて作る築山、あるいは仮山ともいった。石を配して樹木を植え、仕上がった後の手入れもするのが庭師。

■松の剪定をする庭師（絵本庭訓往来）

庭石屋

●にわいしや

庭石は庭を彩り、時に主役にもなるもの。『人倫訓蒙図彙』には海や山の石、蒔石、石船、井筒、石樋、手水鉢などを扱うとある。蒔石は茶室の庭に散らしたように所々に置く石。石船は水槽のように拵えた石の器のこと。

■柄杓を添えてあるのが手水鉢（人倫訓蒙図彙）

植木屋

●うえきや

江戸の郊外にある染井吉野の古里、染井や駒込の辺りは植木屋が多く、植木の一大産地。庭木や盆栽を育てて売った。京坂の植木屋は『人倫訓蒙図彙』には、各地から曲がり方の面白い木などを買い集め、石台と呼ばれる植木鉢にこれを植えて、それに草花などをあしらって売る店。京都は北野にあり、大坂は道頓堀や天満天神の前にあると記されている。

■盆栽に手を入れる植木屋。深く大きな鉢は梅の木（今様職人尽歌合）

■植木鉢は、四隅に持ち手が付いた石台（人倫訓蒙図彙）

植木売り

●うえきうり

庭木や草花を図のような台に載せて売り歩く。桜草売り、朝顔売り、稗蒔《ひえまき》売りもこの担い道具を使う。稗蒔は瓦の鉢に稗の種を蒔いて芽が出る初夏に売る。もちろん食用ではなく、芽の緑を楽しむもの。

■植木売りの荷。七輪などの瓦製品も荷の道具は一緒（守貞謾稿）

盆栽●江戸時代には盆栽と書いて「はちうえ」と読ませることも多く実際広い意味で盆栽は鉢植えの草木を愛でることでもある。長屋住まいでも楽しめる手軽な風流の道といえる。

箒は棕櫚《しゅろ》、竹の小枝、稲藁の芯、箒草の茎などを束ねて作る。庭を掃くのは竹箒、柔らかい棕櫚箒は室内用で畳や床を掃く。古くは箒木といった箒草で作る草箒は、主に酒蔵で使ったという。

箒師

●ほうきし

■棕櫚箒を作る箒師（人倫訓蒙図彙）

箒売り

●ほうきうり

■江戸の箒売り。京坂は枠なしで、棒に掛けて売り歩いた（守貞謾稿）

棕櫚帚を売り歩く。三都ともに古い箒を新しいものに替える商売。当今の下取りのようなもので、買手は銭を添えて古いものを渡す。江戸では竹箒、草箒も一緒に担い売るが、京坂では棕櫚帚以外は担いで売ることは珍しく、荒物屋で売られた。

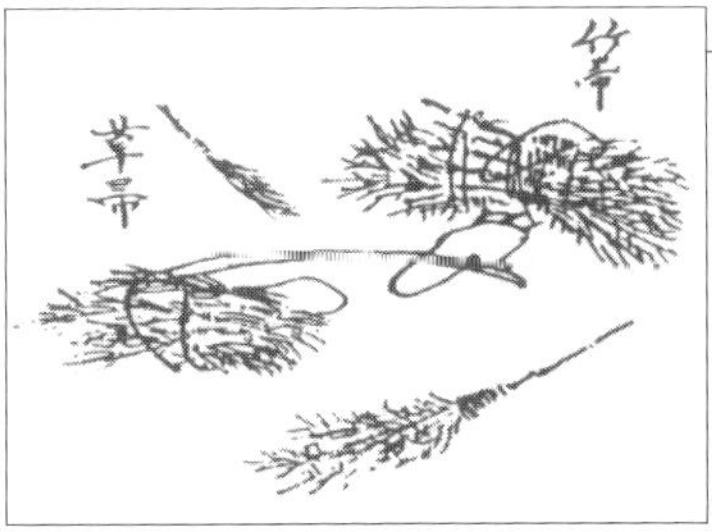

■右が竹箒、左草箒（守貞謾稿）

禅宗の払子●埃を払うのが箒だが、『人倫訓蒙図彙』には「寒山拾得箒を以て落葉を集め、有無を悟り給う。禅家の払子《ほっす》も箒のごとくに迷いを払い、悟りを集むの心とかや」とある。

井戸

「こちとら、水道の水で産湯を使ったお兄いさんだ」と啖呵を切る江戸っ子のいう水道は、初期の神田上水や玉川上水のような上水のこと。江戸では綺麗な川や湧水を運河を開いて江戸市街に水を引く工夫をし、御府内に入ってからは樋で各町に水を流している。右図のように、最後は樋から井戸へ竹筒を渡す仕組みだが、こうした多摩川や井の頭の水を使わない掘抜井戸も次第に普及。岩盤をくり抜いて地下水を湧出させる掘抜は大変高価なものだったが、大坂から井戸掘りが「あおり」という絶妙の道具を持ってきたので、井戸側を含めて三両二分で出来るようになったと『守貞謾稿』にある。

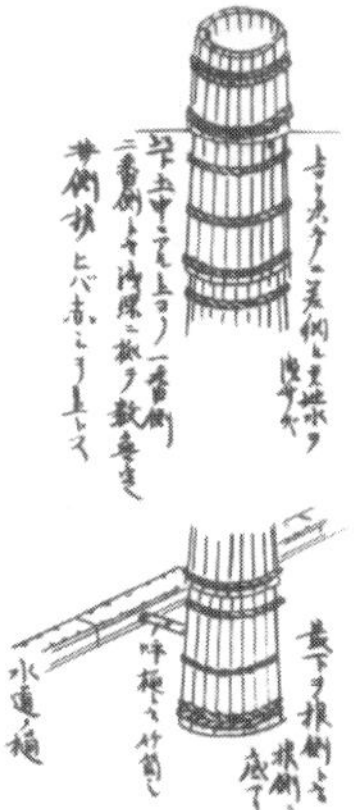

■江戸の水道井戸。木製の側を重ね、底の方で樋から水を引く（守貞謾稿）

東西の水事情●京都は水の綺麗なこと、諸国第一。飲み水も洗い水もすべて井戸水で用が足りる。大坂は塩気を含み、井戸水を溜めておくと鉄錆に似た物が浮き、とても飲用には使えない。そこで川水を汲んで運び、飲用にする。人手がなければ水屋から買う。江戸も大坂同様水質が悪く、開府以来の上水道開発で飲み水を賄った。

■地中の水音を探る井戸掘り（今様職人尽歌合）

井戸掘り

●いどほり

■米を研ぎ、洗物もする共同の長屋の井戸（萬代大雑書古今大成）

建具

大工や左官の仕事で建物の骨格が出来上がれば一応雨露はしのげるが、極小の長屋でも出入口の扉は不可欠。建具は、開け閉め出来る住まいの仕切りだ。

■障子の桟（骨）を調える建具師（宝船桂帆柱）

建具師

●たてぐし

建具師は戸障子師ともいい、戸や格子、障子、襖の類を作る職人。畳と同様に寸法は決まっていて、田舎間と呼ばれる江戸間は京間より一回り小さい。

戸障子

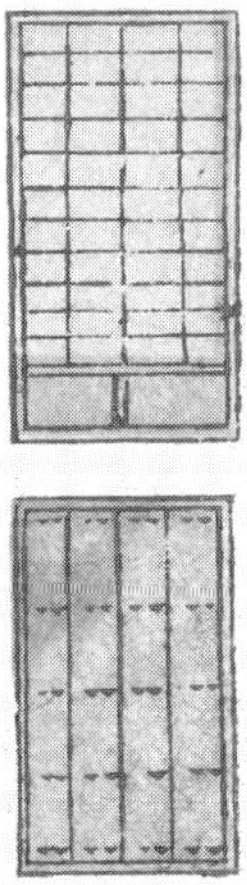

■上は下の方に板を張った「腰障子」。下は板戸（商売往来絵字引）

■屏風下地なども手掛ける戸障子師（人倫訓蒙図彙）

■襖で仕切られる商家の奥（商売往来絵字引）

唐紙師

●からかみし

障子の障の字は隔てると読み、風を隔てて防ぐといった意味がある。幕末の書物『守貞謾稿』には、「今いう障子は美濃紙を貼った物をいうが、昔はこれを明障子といった。障子とだけいえば、京坂でいう襖、江戸でいう唐紙のことだった」とある。襖の異称でもある「唐紙」は諸々の文様をつけた紙のこと。

■職人の右にあるのが風を送る鞴（ふいご）。金属加工に欠かせない道具（宝船桂帆柱）

錺師

●かざりし

金銀などを細工して、錺金具や装身具を作るのが錺師。襖、障子などの引手や簞笥の金具も手掛ける。

■唐紙は襖や屏風にも貼り、料紙としても使われる（人倫訓蒙図彙）

■褙匠とも表補ともいう表具師。後ろは烏帽子折（頭書増補訓蒙図彙）

表具師

●ひょうぐし

江戸時代には屏風や襖の張付け、張替えもしたが、本来表具師は書画を台紙に貼って、掛軸や折本（折畳み式の本）などに仕立てるのが仕事。

刷毛師

●はけし

■刷毛は絵師、経師、表具師、表紙師が用いるもの（人倫訓蒙図彙）

刷毛は襖や屏風の上張りに欠かせない道具。表具師は糊付に、絵師は顔料（絵具）、塗師は漆塗りに使う。用途によって違いがあり、種類は多い。

経師

●きょうじ

『人倫訓蒙図彙』によれば、経師は諸々の経巻、巻物、色紙、短冊、薄様、香包、その外色絵の紙、贈経等、紙で造る類、一切を造るとある。経巻から派生して、扱うものが広がったようで、江戸期には建具の表装もするようになり、実態は「表具師」とほぼ同じ。ちなみに、幕末の文書には障子を張り襖を作る職人を京坂では表具師、江戸では経師というとの記述がある。

■大経師はその昔宮中出入りの経師の長をいう（宝船桂帆柱）

調度

暮らしの道具のうち、居室に置く家財道具にはどんなものがあったか。土間の奥に一間きりの棟割長屋と大店では天と地の差があり、富める者は多くを持つ。

唐物屋

●からものや

『人倫訓蒙図彙』には唐物屋として器、香具、革、紙、薬、墨、筆など、すべての物を長崎に船が着くと買取って、それらの品を商うとある。江戸初期には特に墨、筆は唐物が珍重されたようだ。

■「長生きのがらくた道具ならべて千と世（千歳）ふるものひさぐめでたさ」と狂歌を添えている（宝船桂帆柱）

道具屋

●どうぐや

衣類も道具類も庶民は古手で間に合わすことが多かった江戸時代。値の張る書画骨董を扱う店もがらくた道具を並べる店も、一切の古道具を買取って売るのはいずれも道具屋という。

唐物●中国から輸入される船来品のこと。什器、織物、人参などの薬種から砂糖まで様々なものが長崎経由でもたらされた。

■ギヤマン（硝子器）も売る唐物屋（人倫訓蒙図彙）

■箱入りの什器や碁盤が店先に、奥には足付きの雅な遊山道具の行器（ほかい）まである（絵本士農工商）

家財

金物屋

●かなものや

金物屋は、鉄や銅などでできた日用雑貨を商う店。図には蝋燭を立てる燭台もあれば急須も並ぶ。鍋釜庖丁に火鉢まで、金物なら何でも揃う。

■商売の金物も売上の金も絶えない繁昌ぶりの金物屋（宝船桂帆柱）

■木釘を打つ指物師（今様職人尽歌合）

指物師

●さしもの《し》

『人倫訓蒙図彙』には桐、檜、杉などで万《よろず》の箱を作る、長持《ながもち》や櫃《ひつ》には杉や槙《まき》で作るとある。板材を組立てて収納用の調度を作るのが仕事。長持や櫃は上蓋を開けて中に衣類などを入れる。引出しの付いた箪笥は、用途に応じて船箪笥、文書箪笥、薬箪笥と色々ある。

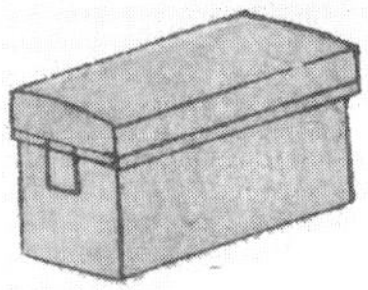

■長持。脇の金具に棹を通し、担いで運べる（商売往来絵字引）

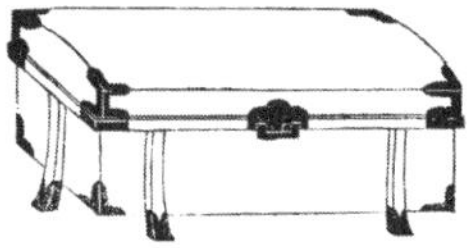

■六本の足が付いた大型の櫃、唐櫃（頭書増補訓蒙図彙）

■三方を作る職人。左の人は材料の檜材を手にしている（絵本士農工商）

曲物師

●まげものし

檜物師《ひものし》ともいい、檜の薄板を丸く筒状にして、小振りな容器や柄杓などを作る。材をたわめる技で、婚礼の祝い物を飾る島台や足付きの四角い台、三方も作る。

■州浜をかたどった台に肴を盛る島台。中央にはめでたい造形を作り、図は高砂（女遊学操鑑）

■緑色の布、あるいは革で縁取りをする職人（今様職人尽歌合）

籠目結

●かごめゆい

籠結あるいは籠師ともいう、竹細工の職人。江戸時代に優れた細工人が多くいたのは、温泉で知られる有馬。湯治客は土産用に名物の有馬籠を買い求めたという。

■目の粗い籠は背負い籠か。軍鶏を飼う唐丸籠にも形が似ている（宝船桂帆柱）

葛籠師

●つづらし

主に衣類を収納する深蓋が付いたもので、江戸城に詰める役人が宿直《とのい》の夜具を収めたという。葛籠は竹を薄くそいで編み、箱形に作り、紙を張って渋墨を引き、漆で仕上げる。

■仕上げをする葛籠師（人倫訓蒙図彙）

敷物

■渦巻き状に編んでいく円座（人倫訓蒙図彙）

円座

●えんざ

円座は藁《わら》や菅《すげ》などで丸く編んだ座布団のこと。弘法大師が唐土から帰り、讃岐国で教え作らせ、讃岐円座として名物となったという。

蓙打

●ござうち

『人倫訓蒙図彙』によれば上敷き、畳表なども民家でつくるとしている。丹波（京都）、近江（滋賀）が主な生産地で、備後（広島）でつくられる物は名物だともある。

■藺草で蓙を編む職人。台上にあるのは模様を編み出した花蓙（人倫訓蒙図彙）

■専用の台で莚を編む莚打（人倫訓蒙図彙）

莚打

●むしろうち

畳が普及するまでは屋内の敷物は莚だった。土間や床に敷くもので主に稲藁で編む。座る以外に、商家では売上の銭を広げ、露天商は路上で商品を並べるなど用途は広い。

蚊帳

蚊帳屋

●かやや

蚊帳は緞帳などと同じく空間を仕切る布、帳のひとつ。古い形の蚊帳の図を見ると、いかにも帳である。『人倫訓蒙図彙』には蚊帳屋として、蚊帳を畳んでいる人物の図が載せてある。色々な蚊帳、吊り緒をここで売るとある。

■蚊帳を畳む蚊帳屋（人倫訓蒙図彙）

蚊帳売り

●かやうり

■真新しい菅笠に半纏をまとい、「萌黄のかやぁ」と売り歩く。右は手代（守貞謾稿）

『守貞謾稿』には、近江の豪商が江戸日本橋一町目やその他の町に店を出し、近江産の畳表や蚊帳を売るが、この店から手代が声のよい人を雇って荷を担がせ、売り歩くとある。

古の蚊帳● 一般に蚊帳は四隅を紐で吊るが、かつては左図のように棹に通して垂らす作りで、吉日を選んで吊り始め、仕舞ったという。

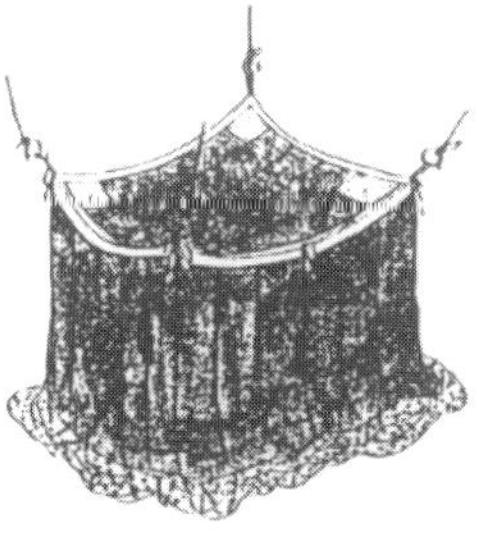

■右が古の蚊帳。布の上部に棹に通すための「乳」がたくさん付いている（守貞謾稿）

■黄色に染めた竹ひごを編む翠簾師（彩画職人部類）

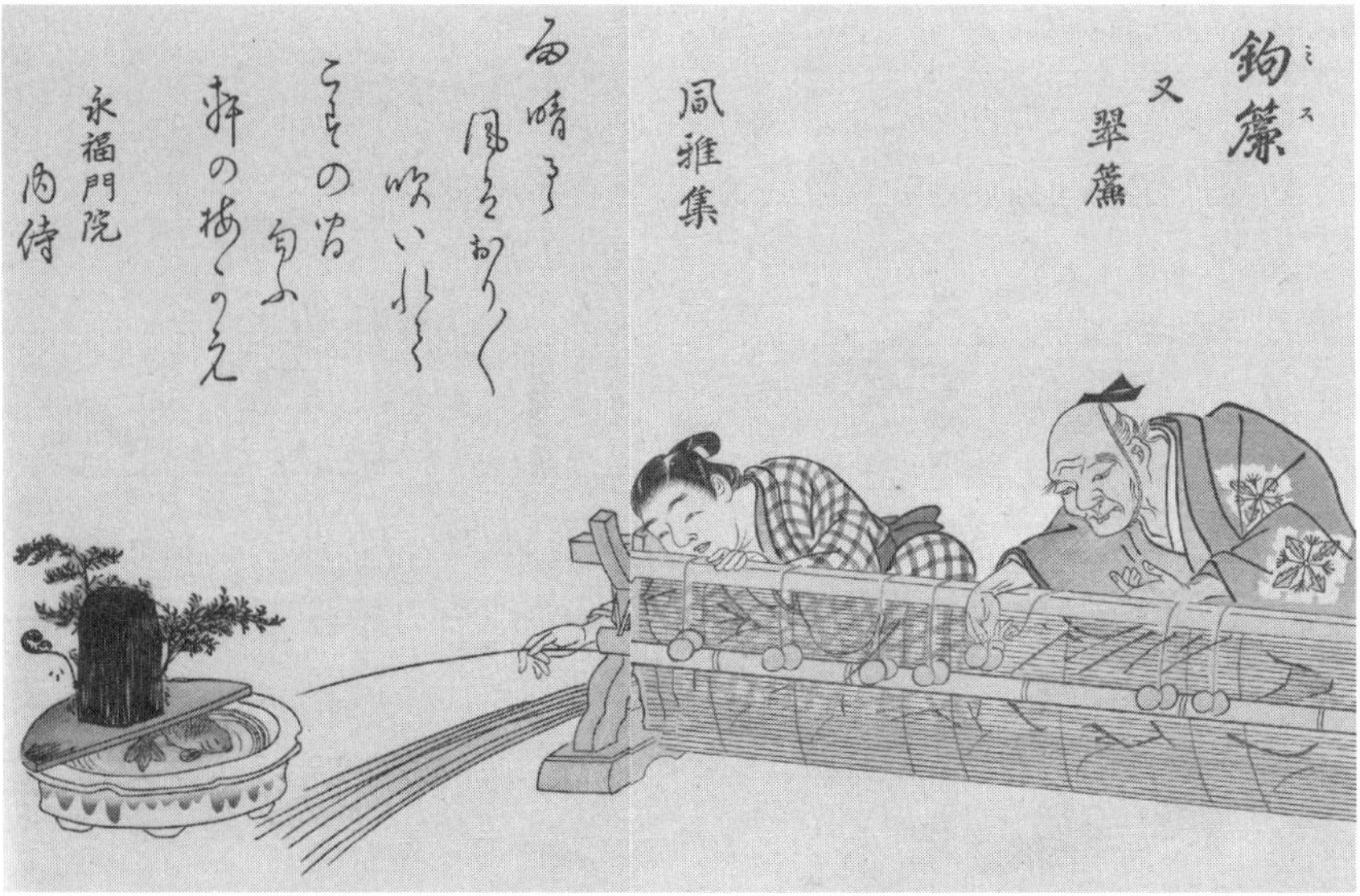

御簾師

●みすし

御簾は翠簾とも書く。貴人の居処や寺社の屋内に掛ける簾のことで、絹地で縁取り、巻上げ用の鉤が付く。『人倫訓蒙図彙』によれば、京都には禁裏翠簾師がおり、民間用の雑品は伏見で作るとある。

■翠簾師（人倫訓蒙図彙）

簾売り

●すだれうり

初夏から竹の簾や葭簀《よしず》などを売り歩く。簾は軒から吊るし、葭簀は家の外に立て掛けるが、ともに日除用。また同じ頃、江戸では葭戸《よしど》も売りに来る。鋸持参で買った家の敷居に合わせていく。

■夏の風物詩簾売り（守貞謾稿）

暖房

火桶作

●ひおけづくり

火桶は、桐材などをくり抜いて作る丸火鉢のことだが、江戸期には陶製の丸火鉢も火桶といった。中に灰を入れ、炭火で暖を取る道具。体は温まるし、やかんで湯も沸かせる貴重な暖房具。

■湯を沸かし、燗を付けたりする欅の長火鉢。これは指物師の仕事（春色恋染分解）

■丸火鉢と五徳。五徳を据え、上に湯沸かしの道具を載せる（早引漫画）

■火桶の脇に皿小鉢があるところを見ると、職人が作るのは陶製か（人倫訓蒙図彙）

炭団売り

●たどんうり

「冬になると売りに来る。炭の粉に土を混ぜ、丸めて天日で干し、乾かして炭の代わりに使う。大きさに大小あり、一文から四文まで」と『守貞謾稿』にある。炭団はまん丸が普通だが、質の良さで知られる池田の切りの炭の形に似せたものもある。

■炭の粉を丸めて作る炭団（早引漫画）

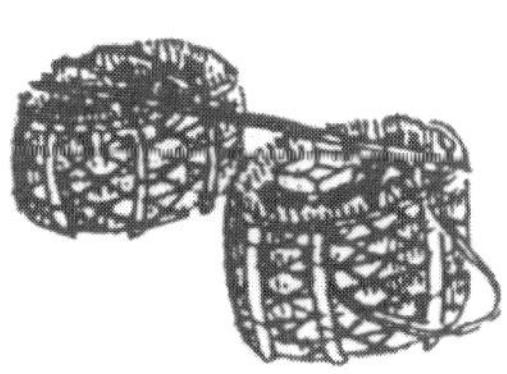

■炭団売りの荷（守貞謾稿）

■櫓時計の錘を調製する時計師（宝船桂帆柱）

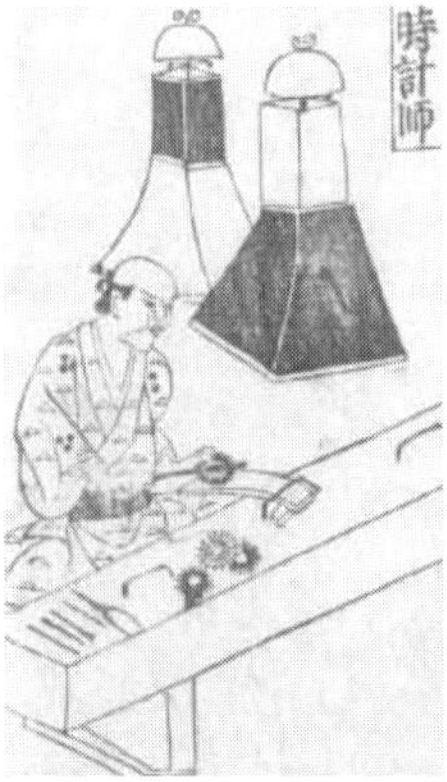

■作業台にはぜんまいが並ぶが、仕上がった時計は西洋とは異なる時を刻む（人倫訓蒙図彙）

時計師

●とけいし

季節によって長さが異なる昼と夜の時間を六等分して時刻を定めたのが江戸時代の「不定時法」。日の出から日没までの「昼」の一刻は春秋なら約二時間だが、夏は長く冬は短い。この厄介な仕組に対応するように、戦国時代に西洋からもたらされた均一の時を刻む時計を改良したのが時計師。ほとんどが大名のお抱えといってよい。

■お経のような折本型の暦。1行1日で日付の下には年中行事や忌み日などの記載がある（頭書増補訓蒙図彙）

暦売り

●こよみうり

■暦売りが手にしているのは月の大小を知る一枚刷りの簡易暦（守貞謾稿）

江戸時代、京坂江戸の三都に出回る暦は京都の経師頭、大経師降屋内匠が作り、大坂はこの暦を平野町神明前松浦氏が伝統的に売っている。江戸は元禄年間（一六八八～一七〇四）に幕府が定めた十一軒の暦問屋を通して販売。京坂の暦は巻物状で、江戸版は冊子状か折本形式が主。江戸の暦売りは他に芝居の番付や吉原細見も売った。

台所

煮炊きをして食べ、体を休めるのが住まいの基本。家の大小を問わず台所は欠かせない。総体三坪ばかりの裏長屋でも竈を据え、鍋釜、水瓶に器類はある。

竈師

●かまどし

竈は口の開いた所から薪を入れ、上に煮炊きする鍋や釜を置いた台所の重要な道具。へっついともいう。竈口は多いものでは五つ、七つ、九つなどがあり、これは大所帯用。

■竈の他に炭櫃や火鉢も作る竈師（人倫訓蒙図彙）

■毎月晦日には竈の神に松やお神酒徳利を供える（春柳錦花皿後編）

竈

荒神松●荒神松は火の神、竈の神の三宝大荒神に供える松の枝。江戸は一尺ほどの小枝を釜蓋の上に、京坂は二尺から六尺と長く、花瓶に生けて供える。

荒神松売り

●こうじんまつうり

■左は江戸の荒神松売り、右は京坂（守貞謾稿）

灰買い

●はいかい

灰は肥料になる農家の必需品。灰買いは薪を燃した後、竈に残る灰を買取るのが商売。京坂では灰と一緒に米糠や綿の種も合わせて買う。呼び声は「ぬかたねはいはございございい」。

■畚（もっこ）を担ぐ灰買い（守貞謾稿）

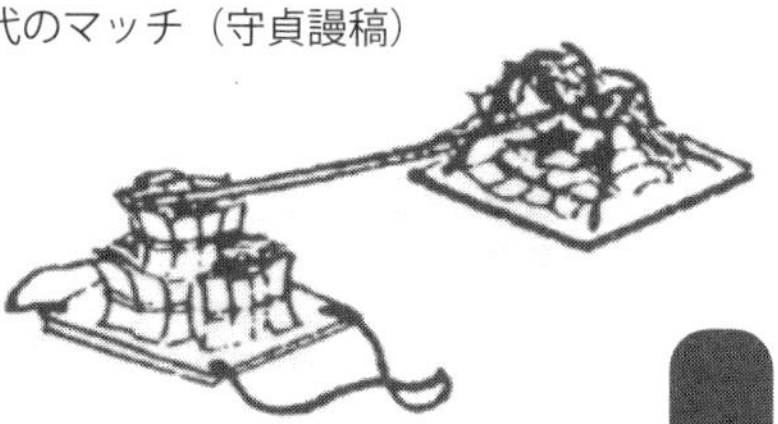

■付木屋の荷。付木は江戸時代のマッチ（守貞謾稿）

付木屋

●つけぎや

江戸時代の火起こしは簡単ではない。火打石で火花を出し、これを火口に移し、さらに火口の火を付木に移して火を起こす。付木はごく薄い短冊形の板の先に硫黄が付いていて、火がつき易い。火口はイチビという植物の茎を炭化させたもので、これもすぐ燃える。

瓦製品売り

●かわらせいひんうり

京坂では「かんてき」、江戸でいう七厘や炭火や薪の燃えかすを消す火消壺、乾煎りをする焙烙《ほうろく》などの焼き物類を売る。江戸の品は浅草今戸で焼かれる今戸焼き。

■台所道具を売る瓦製品売りの荷（守貞謾稿）

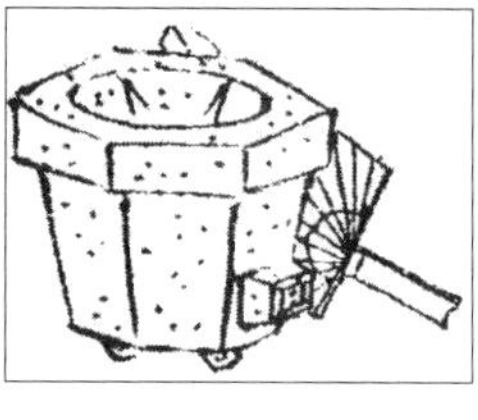

■江戸時代に普及し、今も活躍する七厘。七輪とも書く（早引漫画）

薪

■薪を頭に載せて売り歩く大原女（頭書増補訓蒙図彙）

大原女

●おおはらめ

大原の里から京の町へ黒木を売りに来る。黒木は竈で蒸し焼きにした黒い薪のことで、黒木女ともいう。昔、平惟盛の妻阿波の内侍が平家が滅んでから大原に住み、世を過ごすために売られたことから始まったという。

■大原、高雄から柴を担いで、八瀬や鞍馬などからは黒木を馬に背負わせて出る（人倫訓蒙図彙）

薪屋

●まきや

炊事には欠かせない薪を売る店。『人倫訓蒙図彙』ではこの薪は四国を始め方々から上り、日雇い人が船から荷揚げした薪を売り手の所へ持ってくるといっている。

■図の説明では「たきぎや」としてある。たきぎは焚き木（人倫訓蒙図彙）

樵夫

●しょうふ

『頭書増補訓蒙図彙』には樵夫とは薪を取る人のことあり、きこりと仮名を添えている。『人倫訓蒙図彙』では山里から箸木、楊枝木を切り出すとある。

■武蔵野の雑木林に設えた窯で炭を焼く国分寺の炭焼。
国分寺村は今の東京都国分寺市（江戸名所図会）

■奥深い谷のかたわらから炭を焼く煙の立ち上る風情は、世にたぐいない眺め（人倫訓蒙図彙）

炭焼

●すみやき

炭は雑木を切って特別の窯、炭窯で蒸し焼きにして作る。楢や姥目樫《うばめがし》が良質の炭とされた。姥目樫で作った備長炭は紀州の産物。摂州池田の奥山から出る池田炭も名物とされている。

炭

炭薪屋

●すみまきや

炭は庶民には暖房用、風流人なら茶の湯に使うもの。春までに焼いて使い切ってしまう炭をあら炭、ひと夏越したものをひね炭という。

■炭俵を運ぶ炭屋の奉公人
（宝船桂帆柱）

池田炭●摂州池田炭は一倉という里で焼かれる櫟《くぬぎ》炭で、池田の市に出すのでこの名がある。『日本山海名物図絵』には、炭は諸国から出るといえども池田を最上とする、とある。

■姿も美しい名物の池田炭
（日本山海名物図絵）

■『江戸名所図会』に載る川口の鍋作り。火を吹いているのが鉄を溶かす炉

銅器売り

●どうきうり

■銅器売りの荷は満艦飾（守貞謾稿）

銅や真鍮で作られた鍋を始め、茶瓶、やかんなどを売り、古いものと新品の交換もする。京坂では「あかがね道具しかえ」といって売り歩く。あかがねは銅の和名、しかえは仕替で交換の意味。

焙烙売り

●ほうろくうり

江戸には専門に売る者はいないが、京坂には大和から出て来る焙烙売りが「大和ほうろく大和ほうろく」といって歩く。焙烙は茶や胡麻などを煎るごく浅い土鍋で、京都では炒瓦《いりがわら》ともいった。

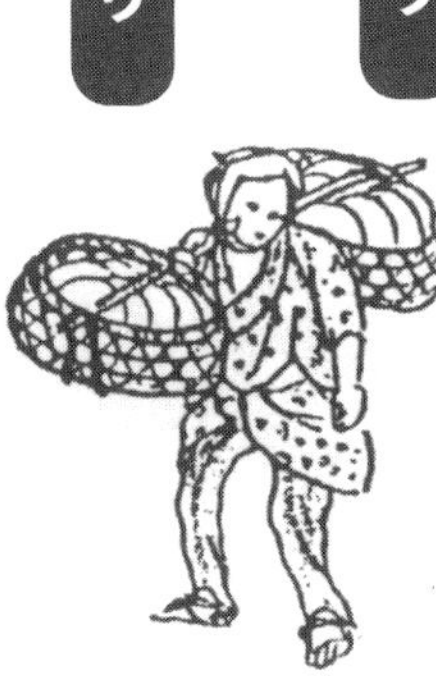

■焙烙売り（守貞謾稿）

鍋釜

■釜を磨く鋳物師（今様職人尽歌合）

鋳物師

●いものし

鋳物は鉄や銅を溶かして鋳型に流し込んで作り、鍋釜から農具、仏具まで幅広い。『人倫訓蒙図彙』には鉄を以て一切の物を鋳る。釣鐘や勤行の時に鳴らす磬《けい》なども鋳るとある。江戸期には越中国高岡、武蔵国川口などが産地として名高い。

■釣鐘、茶釜を作る鋳物師（人倫訓蒙図彙）

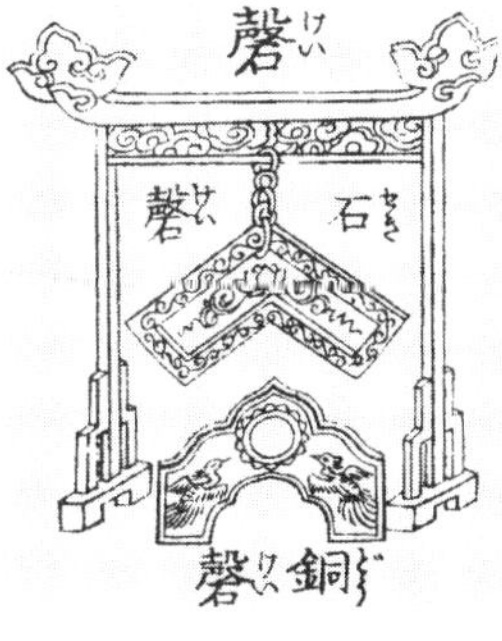

■磬。石磬は雅楽の打楽器、銅磬は仏具（人倫訓蒙図彙）

■能登の釜、河内の鍋。能登も河内も中世からの鋳物の産地（両點庭訓往来）

■箱形の鞴（ふいご）で風を送り、火力を高めて銅を溶かす鋳掛師（今様職人尽歌合）

鋳掛師

●いかけし

銅や鉄でできた鍋釜の破損を繕うのが鋳掛師。鋳掛は欠けたところに銅やはんだを流し込んで修理する。日用品の他に燭台、香炉、花瓶といった仏前の三具足（176頁参照）なども扱う。

■鍋底の穴を繕う鋳掛師（人倫訓蒙図彙）

鍋のつる売り

●なべのつるうり

鍋、やかん、土瓶の取っ手を肩にして売り歩く。『七十一番職人歌合』には路上で鍋釜を売っている男の姿があり、買う人にはつるもつけるといわせている。つる専門の商いが成り立つのか怪しいものだ。

■天秤棒で鞴まで担いで歩く鋳掛屋。御用の声が掛ればその場で即座に直す（守貞謾稿）

■取っ手を売る出商人（今様職人尽歌合）

桶

■箍を締める職人（今様職人尽歌合）

桶売り

●おけうり

■天秤棒を担いで歩く桶売り（絵本士農工商）

桶結師

●おけゆいし

桶結は桶や樽を作るのが仕事。洗面用、水汲み、盥《たらい》など、大小形状ともに色々あるが、桶も樽も底板に側板を立て回し、箍《たが》で締めて作る。『守貞謾稿』によれば京坂では桶樽を作る職人をすべて樽屋といい、江戸では桶屋というとある。桶と樽の違いについても江戸では普通蓋があるのが樽で、ないのを桶といい、京坂では蓋の有無ではなく形でいうとか。

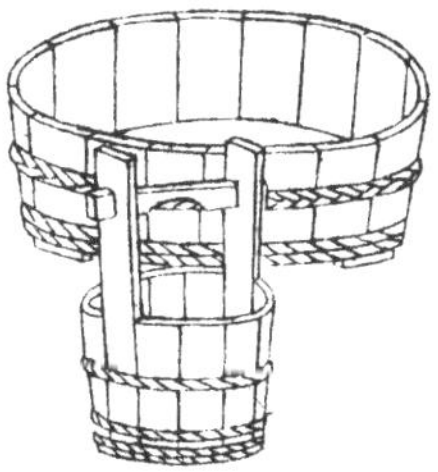

■手前が手桶。奥は盥（たらい）で行水用（頭書増補訓蒙図彙）

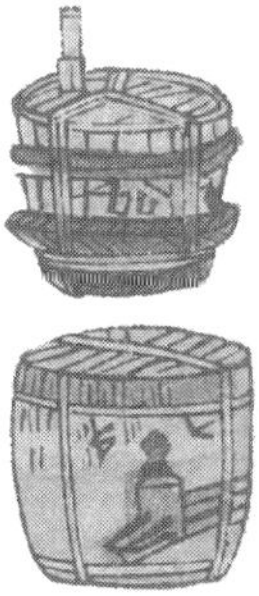

■醤油樽（上）と酒の四斗樽（商売往来絵字引）

たが屋●桶樽の壊れたのを直し、箍を新しくする職人で輪替えともいう。集めて来た桶樽を自宅で直す者もいれば、箍にする細く割り裂いた竹を束ねて担ぎ、一切の道具を持って直し歩く者もいた。

■水嚢で雑物を濾す料理人（素人庖丁）

■曲物の底に馬の緒で編んだ網を付ける水嚢師（人倫訓蒙図彙）

水嚢師

●すいのうし

水嚢は水切りのための目の細かい篩で、出しを漉したりする。馬の尾で作るが、これは秀吉公が高麗国から水嚢作を連れて来たことの始まるという。

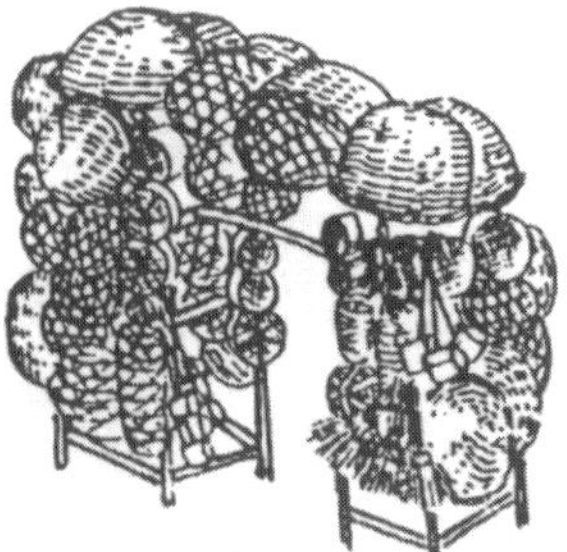

■細々と台所道具を積み上げた笊売りの荷（守貞謾稿）

鼠取薬売り

●ねずみとりぐすりうり

■京坂江戸ともに身の丈ほどもある旗を担いで歩く。売り声は、猫要らず鼠取薬（守貞謾稿）

石見銀山●銀と一緒に出る有毒の砒石で作られる殺鼠剤。江戸っ子が石見銀山といえば世界遺産のことではなく、この毒薬のこと。

笊売り

●ざるうり

笊を始め籠、味噌漉し、柄杓、杓子、水嚢など、煮炊きに要る道具類を売る。売り言葉は「笊や味噌漉し」。柄杓だけ、あるいは水嚢だけ売る人もいるし、これらすべての修理に来る人もいる。

雑貨

■鉄の棒を斜めに渡す弦掛桝（つるかけます）を作る桝師（人倫訓蒙図彙）

桝師

●ますし

桝は米や酒の分量を量る暮らしの道具。大きさは小さい方から順に一合、二合半、五合、一升。さらに五升、七升、一斗。寛文年間（一六六一～七三）に幕府の定めた寸法で作られ、基準となるのは縦横四寸九分、深さ二寸七分の一升升。

荒物屋

●あらものや

笊、桶、箒などの雑貨類を売る。『人倫訓蒙図彙』を見ると、道中に要る品々も扱っているようで。旅の荷物包の一宿薦、渋紙、縄、細引、乗掛の跡付の他下駄も売るとある。細引は細縄、乗掛の跡付は馬に載せる荷物箱のこと。

■蓙、縄、笠を売る江戸初期の荒物屋（人倫訓蒙図彙）

■裏の稼業は公儀隠密ともいわれる針金売り（今様職人尽歌合）

針金売り

●はりがねうり

『頭書増補訓蒙図彙』には鉄線を針金といい、銅線はあかがねの針金、または銅絲ともいうとある。図の針金売りが商うのは金網や篩などに使う銅線と思われるが、添えた詞書に今日は十一日なれば山谷の廓へ参ろうとある。吉原には月々たくさんの行事があるのだが、十二日は七月の草市くらいのもの。はて、商いになるのだろうか。

器

一汁一菜が基本の江戸時代。日々の食事は銘々の箱膳に飯碗、汁椀、香の物の皿一枚で事足りる。主に陶器と漆器、それらを商う店と作り手の仕事を見ていく。

■酒器も食器も揃う瀬戸物屋（人倫訓蒙図彙）

瀬戸物屋

●せとものや

瀬戸は尾張国にある地名。ここで生産している陶磁器を一般に瀬戸物といい、売る店を瀬戸物屋という。焼き物の産地は諸国にあるが、日常雑器を中心に瀬戸物が広く流通したためで、西日本では唐津物とも呼ばれる。

■これはほんとの上ものじゃとほくそ笑む主人（宝船桂帆柱）

瀬戸物焼継

●せとものやきつぎ

■籠の形が東西で異なる焼継屋の姿図。前の荷が京坂で後ろが江戸（守貞謾稿）

焼継●昔は陶磁器の壊れたのは漆で継いで金粉を塗っていたが、寛政（一七八九〜一八〇一）の中頃から「焼継」が当たり前になる。焼継は白玉粉やふのりで予め接着してから熱するやり方で、高価な品や茶器は別として日用の雑器はみな焼継ぐ。

食器

■塗物は壊れにくいが値が張るもの（宝船桂帆柱）

塗物屋

●ぬりものや

塗物は漆を何度も塗って仕上げた漆器のこと。汁物や飯を盛る器は椀と書けば塗物を指す。婚礼の祝膳や酒樽、あるいは重箱などは美しい塗物で揃える。

■左上は口をすすぐ耳盥（みみだらい）。お歯黒といって歯を染める時などに使うもの。右下に積んであるのが折敷（人倫訓蒙図彙）

■よろず器物の破損を漆で塗り継いで直す継物師（人倫訓蒙図彙）

継物師

●つぎものし

椀家具屋

●わんかぐや

色々な椀、折敷《おしき》、弁当、盆、重箱、提重《さげじゅう》など、よろずの塗物を商うと『人倫訓蒙図彙』にはある。折敷は食器を載せる角盆、提重は酒器や食器を入れて持ち歩ける提重箱のこと。

楊枝師

●ようじし

■平楊枝を作る楊枝師（人倫訓蒙図彙）

楊枝師は打楊枝、平楊枝を作る。打楊枝は木片の先端を打ち叩いて作る歯磨き用の楊枝で房楊枝ともいう。平楊枝は菓子や漬物の小皿に添える箸代わりの楊枝のこと。京都の粟田口、江戸の浅草が名高い。

■材を削る箸師（人倫訓蒙図彙）

箸師

●はしし

杉や檜、竹などで作り、丸箸、八角箸を始め形も様々ある。『人倫訓蒙図彙』によれば茶席で使う数寄屋箸が上物だという。

古椀買い

●ふるわんかい

使い古した椀を買取る商売。塗り直したものを売るのだが、そのまま古物の市に出すこともあるようだ。図に添えた詞書には、この盒子《ごうし》どもは塗り繕うより世田谷の市にもてゆかばやとある。盒子は蓋物の椀などのこと。

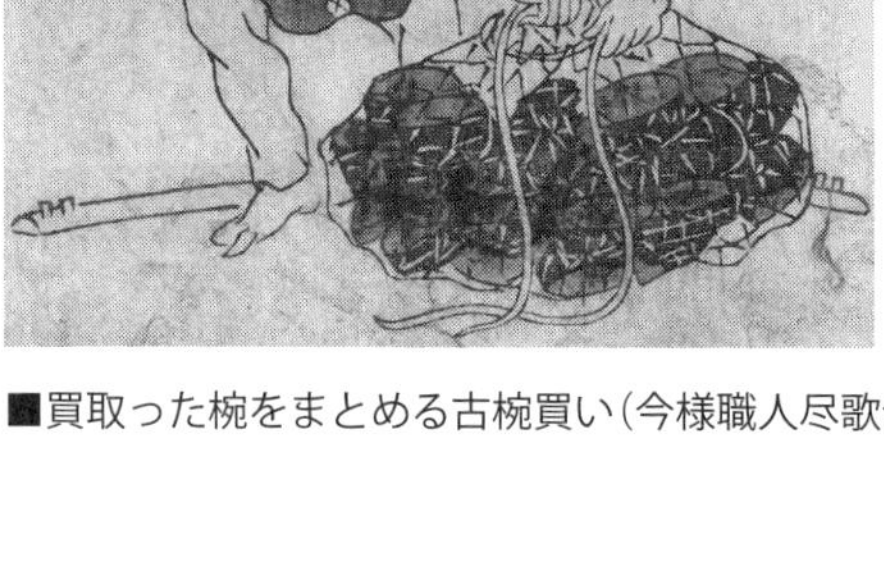

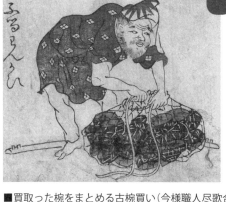

■買取った椀をまとめる古椀買い（今様職人尽歌合）

■浅草寺境内の楊枝店。図の通りそこら中に店が出ている。小屋掛りの店で売るのは主に歯磨に使う房楊枝（江戸名所図会）

■漆細工をする漆匠。江戸時代は専ら塗師と呼ばれた（頭書増補訓蒙図彙）

■漆。木の実は集めて蝋にする（商売往来絵字引）

漆掻

●うるしかき

漆器のもとになる漆は、漆の木の樹液。鎌を使って皮に切れ目を付けると汁が吹き出してくる。これを竹のへらでこそげとる。漆掻の仕事は漆の木を植え、育てて、そして漆を掻く。

■漆の木の皮に傷を付けて汁を掻き出す（人倫訓蒙図彙）

漆屋

●うるしや

不純物を除いてすぐ使えるように仕上げた漆の他、砥粉《とのこ》も商う。砥粉は砥石の粉や土を焼いて作ったもので、漆を塗る下地に使ったり、木に色をつけるのにも使う。

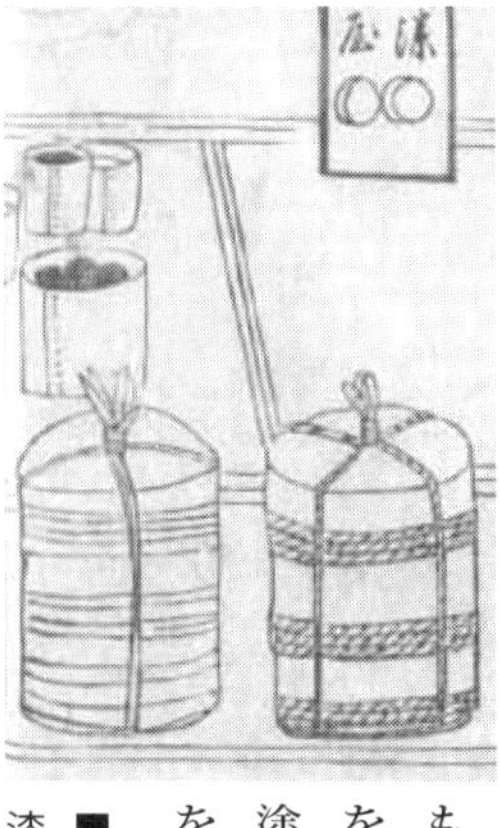

■看板代わりに店先に並ぶ漆桶（人倫訓蒙図彙）

漆

■家でする「居職」のひとつ、塗師（宝船桂帆柱）

■蒔絵師。下絵書きは別にいるという（人倫訓蒙図彙）

塗師

●ぬし

塗師は木地師（91頁参照）の挽いた椀などに漆を塗る職人。他にも様々な什器に塗りを施すのだが、『人倫訓蒙図彙』によれば、仏像は仏塗師、刀の鞘は鞘塗師が専門にするという。

蒔絵師

●まきえし

蒔絵師は塗師のうちでの専門職。蒔絵は下地を塗った上に漆で絵や文様を描くものだが、画布に絵柄を描けば完成する普通の絵画とは異なり、複雑な工程がある。塗って乾かし磨くの繰り返し。気の遠くなるほど根気が要る。

■蒔絵の重箱と盃台（小野篁歌字尽）

■猫足付きの台を作る堆朱師（人倫訓蒙図彙）

堆朱師

●ついしゅし

木地のままの器物に朱漆をごく厚く重ね塗りして、絵柄を浮き彫りにするのが堆朱。唐の時代の中国に始まる技法で、日本では室町期に名人が出ている。黒漆のものは堆黒という。

■青貝師（人倫訓蒙図彙）

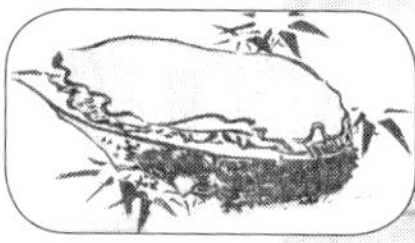
■青貝の代表、鮑（絵本手引草初編）

■金粉、銀粉を作る金粉師（人倫訓蒙図彙）

青貝師

●あおがいし

青貝は鮑や夜光貝のことで、螺鈿の材料になるもの。貝殻の内側を使って文様を作り、器物に貼って漆器を作るのが青貝師。『人倫訓蒙図彙』には、青貝を買取って諸々の図柄を作り、器に作る。塗師は別にいて、これに地を塗るとある。

金粉師

●きんぷんし

蒔絵師には欠かせない金銀を粉にするのが仕事。金粉銀粉は漆で描いた文様に蒔きつけ、あるいは背景となる地に蒔く。茶器などの破損には漆で繋いで金粉を塗って仕上げる。

木

■専用の轆轤鉋を一点に据えて作るのは鉢だろうか（絵本庭訓往来）

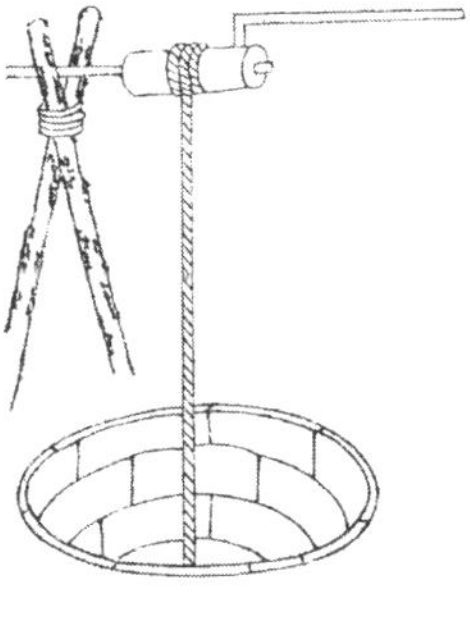

■井戸の釣瓶を引き上げる道具も轆轤（頭書増補訓蒙図彙）

木地師

●きじし

木地師は轆轤《ろくろ》を使って木を削り、椀や鉢などを作る職人のこと。轆轤師とも挽物師《ひきものし》ともいう。焼き物用の轆轤は台の上に土を載せて回転させるが、木地を挽くには図のように一人が横に渡した軸を回し、もう一人が鉋《かんな》を当てて削り出す。

■物がくるくる回って、銭金までもよく回る身代はありがたい（宝船桂帆柱）

陶

■京深草の土器作り。手前の台に並ぶのが諸国の土人形の元祖、伏見人形（日本山海名物図絵）

土器師

●かわらけし

土器は釉《うわぐすり》を塗らずに焼く素焼きの器類のことで、土器師は図のような皿や杯を作る職人。『日本山海名物図絵』には狐牛の類その外色々の人形、器物を作り稼業とするとある。京伏見の深草の里の名物で、人形は伏見人形のこと。

■焼く前に天日干しをする土器師（人倫訓蒙図彙）

■茶碗、茶入、花入、壺、皿など作る品は種類豊富（人倫訓蒙図彙）

陶物師

●すえものし

陶物は陶器のことで、陶物師は土を使って茶碗や鉢、皿などを作る人、いわゆる陶《とう》工《こう》。江戸時代の本では様々な呼び名が記されていて、陶家、陶工、陶人と書いて「すえものつくり」。焼物師、陶物師、あるいは鋳物師も含めて陶冶《とうや》ともいうとある。

■轆轤の台に置いた器を眺める陶工。自在に回る轆轤はめでたいめでたい（宝船桂帆柱）

土器●縄文式土器や弥生式土器は「どき」と読む。これは同じ焼き物ながら陶器、磁器と区別する物言いで、「かわらけ」も土器には違いないが、職人を「どきし」とは呼ばない。陶磁器に比べて土器の焼成温度はごく低い。

硝子吹

●がらすふき

硝子で酒器や簪《かんざし》などの装飾品を作る。熱で溶かした硝子を息を吹き込んで形作る技は戦国時代に長崎に渡来したオランダ人が伝えたという。硝子器はビイドロともギヤマンともいう。

硝子

■鋏で形を整える職人（今様職人尽歌合）

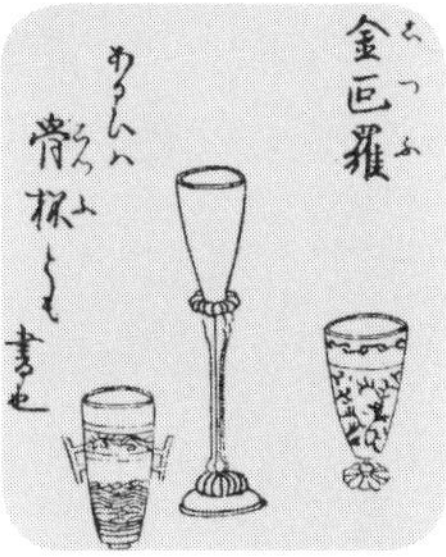

■ギヤマンのコップ（卓袱会席趣向帳）

錫師

●すずし

■削りに削って薄く仕上げる錫師。手前は錫器の代表、杯やお神酒徳利（人倫訓蒙図彙）

鉄や銅で鍋釜を鋳造するように、錫と鉛で徳利、鉢、茶壺などを作るのが錫師。鋳型から出したものを木地師が使うような轆轤《ろくろ》に取付け、削って仕上げる。江戸時代の主な産地は京坂、江戸、薩摩国。

錫

■錫製の燗徳利（素人庖丁）

灯り

江戸時代の灯りは、行灯《あんどん》に使う灯油と、蝋燭が主役。蝋燭は室内でも外出用の提灯にも用いる。裏長屋でつましい暮らしをする庶民にも灯りは要る。

■暖簾の下に見えるのは灯台。蝋燭が普及する江戸時代になっても使われた（絵本庭訓往来）

油

油屋

●あぶらや

一般の家で使う菜種を絞った灯油《とぼしあぶら》を主に売るのが油屋。油を使う照明具、行灯の仕掛けは単純。囲いの中に油を入れた小皿（油皿）を置き、灯芯を浸して先の方に火を付けて灯す。

油売り

●あぶらうり

油売りは油桶を天秤で担いで売り歩く。出立ちは京坂江戸の三都とも同じで、藍木綿の着物に渋染の胸当てのある前掛けをしている。ただし、京坂は樽の下に箱を置かず、江戸は樽下に箱がある。

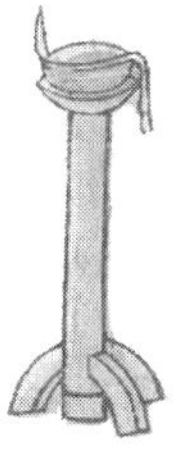

■上部に油皿を据える灯台の一つ、短檠（たんけい）。背丈の高いものは長檠という（商売往来絵字引）

■油売りが手にしているのは油差し。左の荷は京坂、右は江戸（守貞謾稿）

蝋燭

■蝋燭屋はどこも一目でそれと分かる下げ看板を出している（絵本士農工商）

燭台《しょくだい》に立て、あるいは提灯に灯す蝋燭は、櫨《はぜ》や漆の実から油を絞り取り、火で溶かしながら形を作っていく。大和朝廷の時代からあったというが、国産品の一般化は江戸時代。値が張るので庶民は専ら灯油を使い、蝋燭は大店《おおだな》か武家の灯りだったようだ。

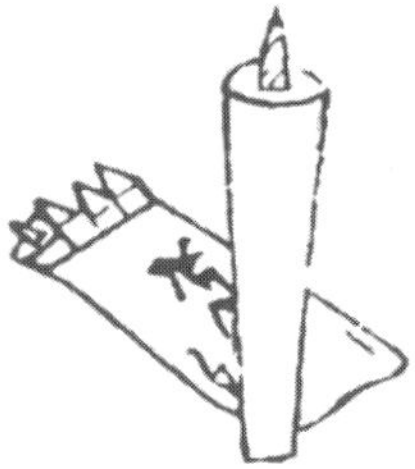

■蝋燭。日が落ちて店を閉めても商家の仕事は続く。蝋燭の灯りは必需品（商売往来絵字引）

蝋燭の流れ買い

●ろうそくのながれがい

提灯、燭台などのすべて蝋の溶けて流れたのを買い集める商売。風呂敷を背負い、秤を持つ。集めた蝋はもう一度熱を加え、芯をつけて新しい蝋燭に作り替える。

蠟燭屋

●ろうそくや

■紙縒（こより）に灯芯を巻き付けて蠟を重ね塗りする蝋燭屋（宝船桂帆柱）

提灯

■ぶん回しを使って、印に付き物の円を描く提灯屋（宝船桂帆柱）

提灯屋

●ちょうちんや

提灯は蝋燭を灯す野外の灯り。竹ひごの骨に紙を貼って作り、買い手の求めに応じて屋号や紋を書く。形は丸か円筒、柄の先にぶら下げるぶら提灯の他、持ち手を付けるものや背の高い添え木に吊る高張提灯などがある。

■張替えて、その場で印も描く（守貞謾稿）

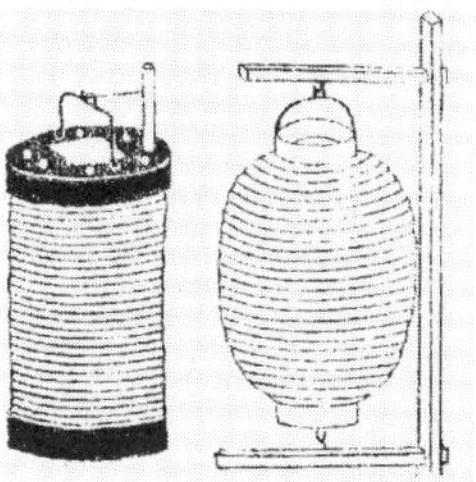

■右が高張提灯、左は箱提灯（頭書増補訓蒙図彙）

提灯張替え

●ちょうちんはりかえ

紙の覆いをした「火袋《ひぶくろ》」の新しいのを持って商いに出る。古いものと取り替え、これに屋号などを書き入れて上から桐油を引く。大坂では笠や日傘の破れも直す。

提灯の色々●料理屋が得意客に貸し出すのは柄の先に下げるぶら提灯。捕り方が犯人確保に向かう時の御用提灯は弓張《ゆみはり》提灯。上下に丸い蓋が付いて、畳めば蓋に収まるのは円筒形ながら名付けて箱提灯。これによく似た造りの小型のものは小田原提灯で、懐中できる旅行用。

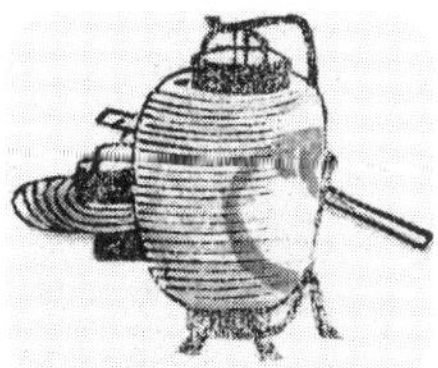

■持ち手が弓のような弓張提灯（商売往来絵字引）

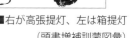

江戸の豆知識

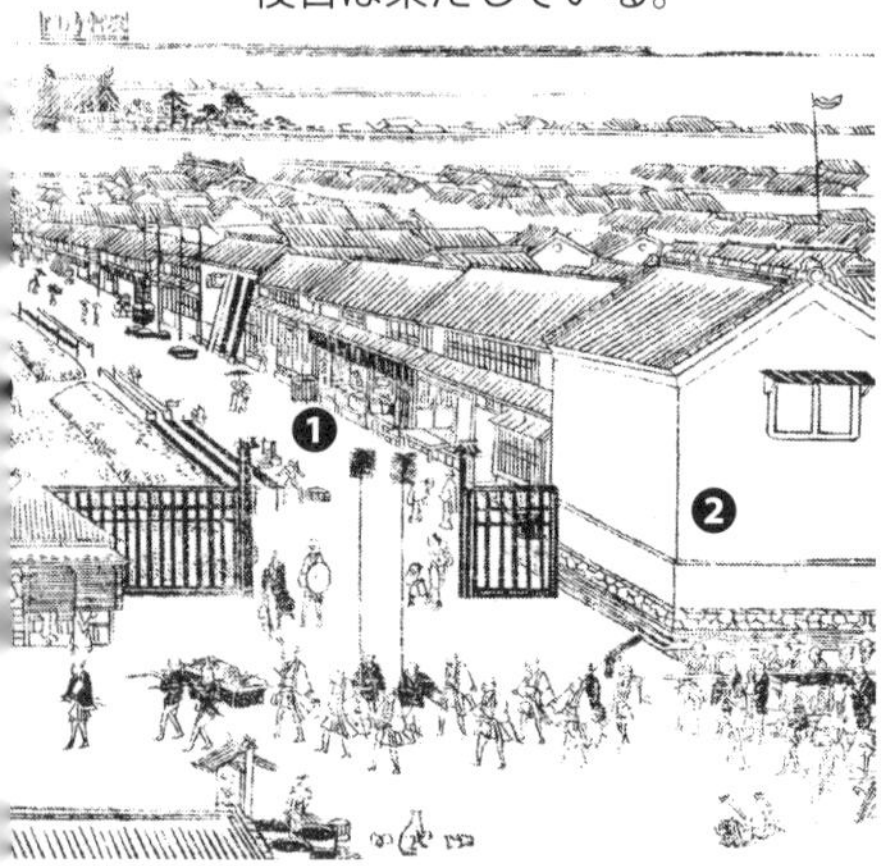

❸火除地　防火用の空き地のことで、火事の時に火の勢いを絶って類焼延焼を防ぐため設けたもの。図は調馬のための馬場で火除地ではないが、役目は果たしている。

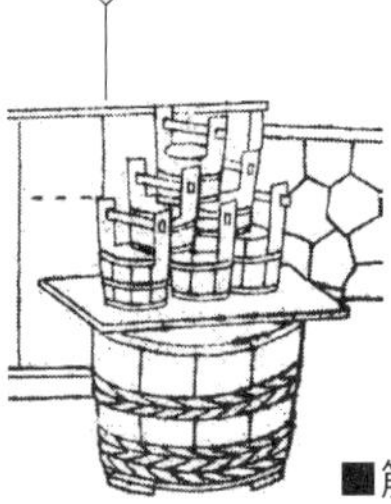

❶天水桶　町内各所に設置された雨水を溜める桶。火事の際には火消が水を被って出動し、ぼや程度なら消火もできる。

■筋違見附付近の天水桶（絵本続江戸土産）

❷土蔵　瓦屋根に四面の土壁で火事からお宝を守る商家に必須の建物。建物全体を土蔵造りにした見世蔵もあり、火事には戸を閉めて防ぐ。

■川から荷揚げする土蔵（商売往来絵字引）

【江戸の大火と町火消】

●明暦の大火　何度も大火に見舞われた江戸。最初で最大の火事が「明暦《めいれき》の大火」。徳川家康が幕府を開いて半世紀、明暦三年（一六五七）の正月に起きた火事は、城も武家地も町人の町も焼き尽くし、消失した市街地は六割、十万人もの死者が出たという。明和九年（一七七二）の「目黒行人坂《ぎょうにんざか》火事」は郊外の目黒から出た火が奥州街道の千住宿まで延焼し、明暦以来の大惨事となる。さらに八十余年後に起きた「安政江戸地震」による火災も幾多の町から同時に火が出ている。明暦以後、火勢を断ち切るための火除地《ひよけち》や広小路を整備。町々では夜回りの強化や天水桶《てんすいおけ》の設置、普請の面でも燃え易い草葺き屋根から板葺き、さらに瓦葺きに移行するなど着々と防火対策が進められた。

●町火消の誕生　武家地が半分以上を占める城下町江戸には、二つの火消組織があった。城や大名の江戸屋敷一帯を担当する大名火消と定火消《じょうびけし》。定火消は旗本の

■纏持ちは町火消の花形（商売往来絵字引）

■浅草御門前の馬喰町馬場。猛火が襲っても向かい側へ移るのが防げる（江戸名所図会）

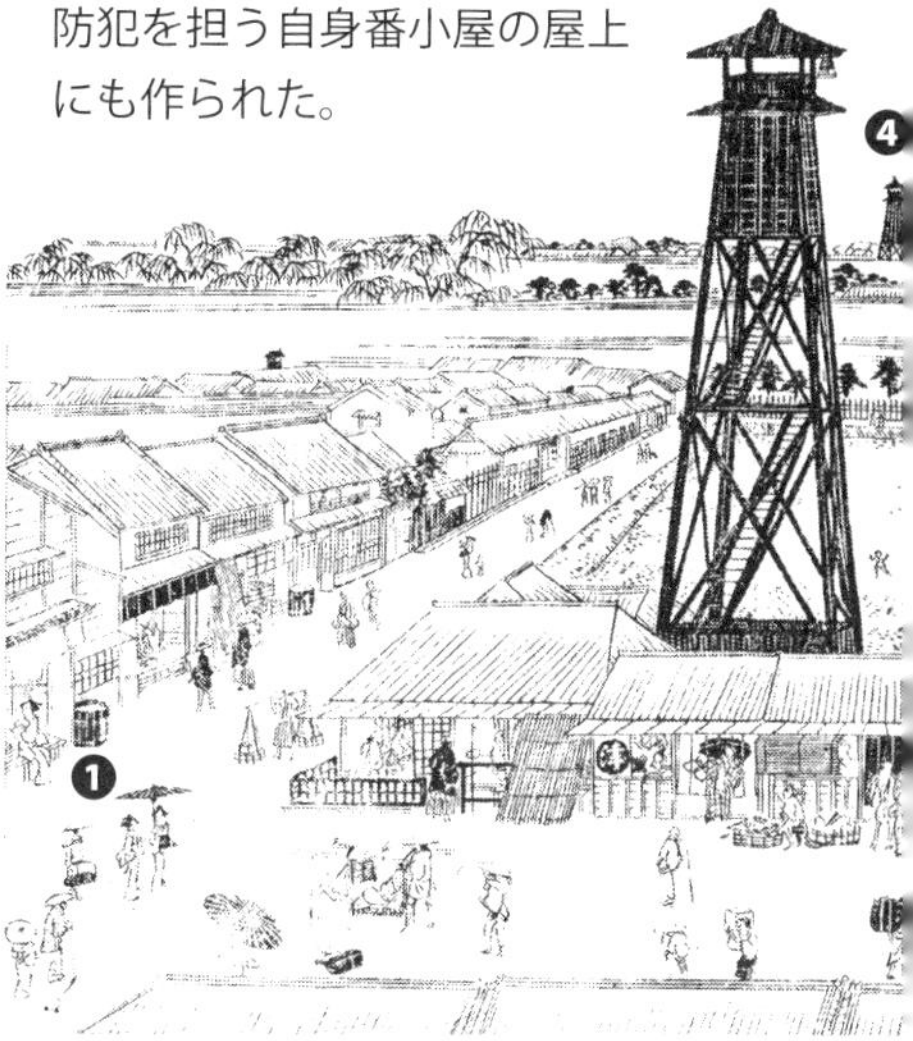

❹火の見櫓　おおよそ十町に一カ所台地に建て、費用は周辺の住民持ち。また、各町の防犯を担う自身番小屋の屋上にも作られた。

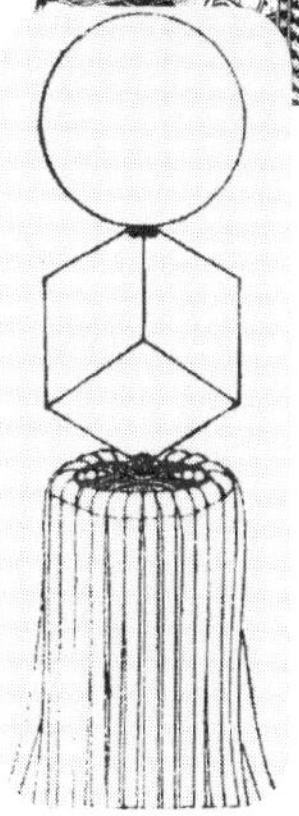

■い組の纏（纏いろは組ひながた）

■火事頭巾（商売往来絵字引）

役で、任命された旗本十人が、それぞれ市中十カ所の火消屋敷に火消人足を常駐させて江戸中定火之番を担当。武家主導の火消では賄い切れない町場の火事に、町人の手を借りた組織作りをしたのが町奉行大岡越前守忠相《ただすけ》。江戸城の堀の周囲に、地域ごとに持ち場を定めた町火消、いろは四十八組が誕生する。

●火消の道具①手押しポンプで水を出す竜吐水②火が及んでいない家を壊す鳶口③水を運んだ大型の玄蕃桶④捕物道具でもある指股。家を引き倒すのに使う

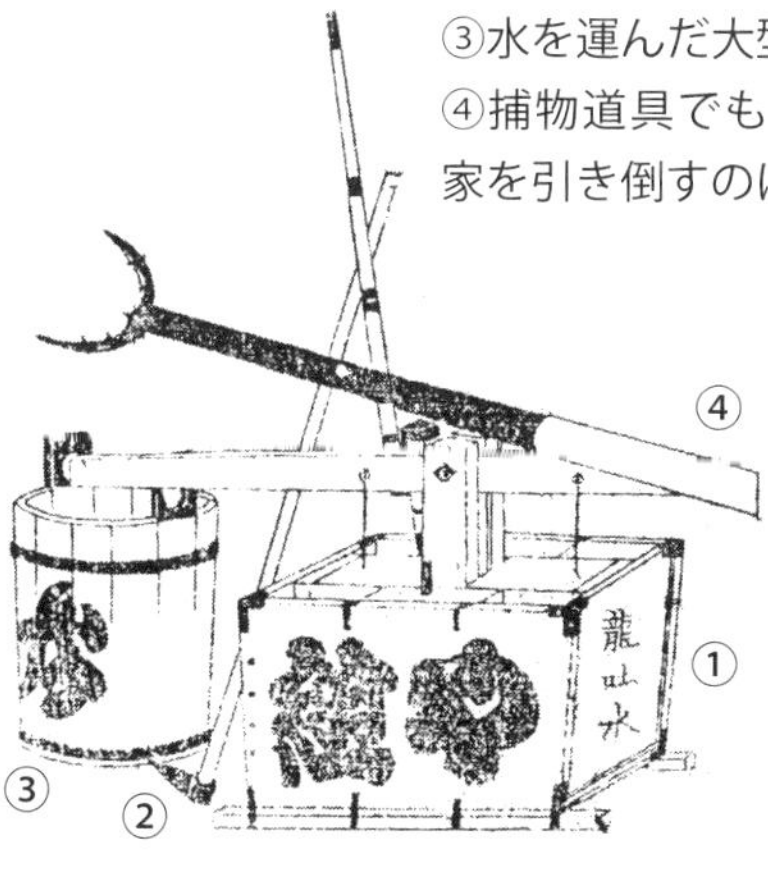

■自身番小屋に置かれた火消道具（纏いろは組ひながた）

第三章・味わい

日々のご飯と嗜好品

朝餉夕餉

米・餅・麺

◆農夫◆鋤鍬柄師◆龍骨車師◆臼目立
◆米屋◆搗屋◆餅屋◆臼師◆粉屋
◆麺類売り◆素麺師

調味料

◆塩焼◆酢屋◆醤油売り◆麹屋◆麹売り
◆味噌屋◆法論味噌売り◆唐辛子売り

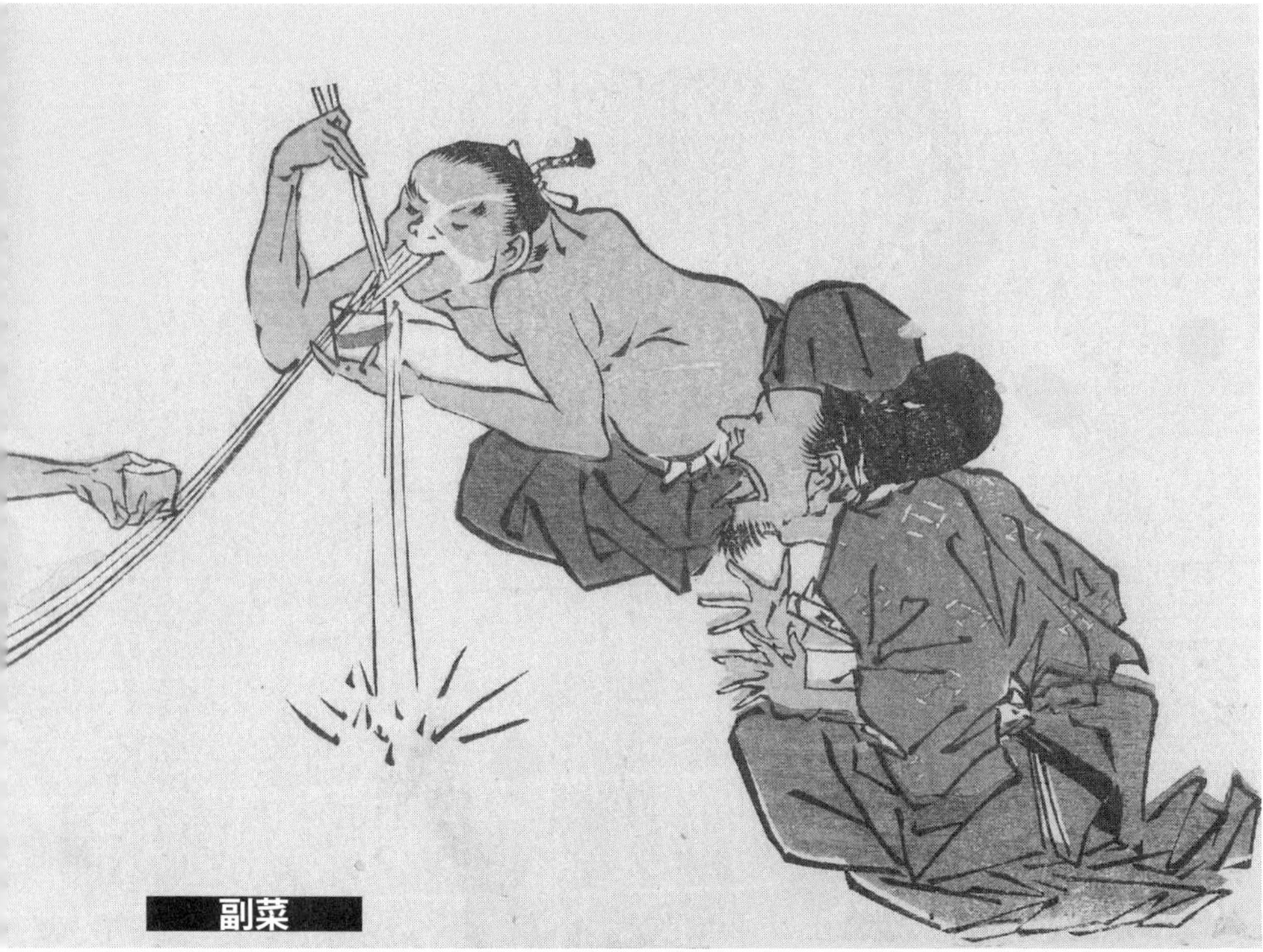

■素麺の宴（狂言画譜）

副菜

◆乾物■乾物屋◆海苔漉
◆漁師◆網打◆海人◆鵜遣◆魚屋◆魚売り
◆八百屋◆前栽売り◆漬物屋◆漬物売り
◆豆腐屋◆豆腐売り◆焼豆腐師
◆叩納豆◆麩師◆玉子売り◆鰻蒲焼売り

嗜好品

甘味

◆飴■飴師◆飴売り◆飴細工◆粟餅屋
◆岩起売り◆善哉売り◆粽師◆煎餅師
◆冷水売り◆心太売り◆西瓜売り

茶菓

◆菓子師◆菓子屋◆香煎師
◆道明寺師◆挽茶屋◆茶店

酒

◆酒屋◆甘酒屋◆甘酒売り◆白酒売り

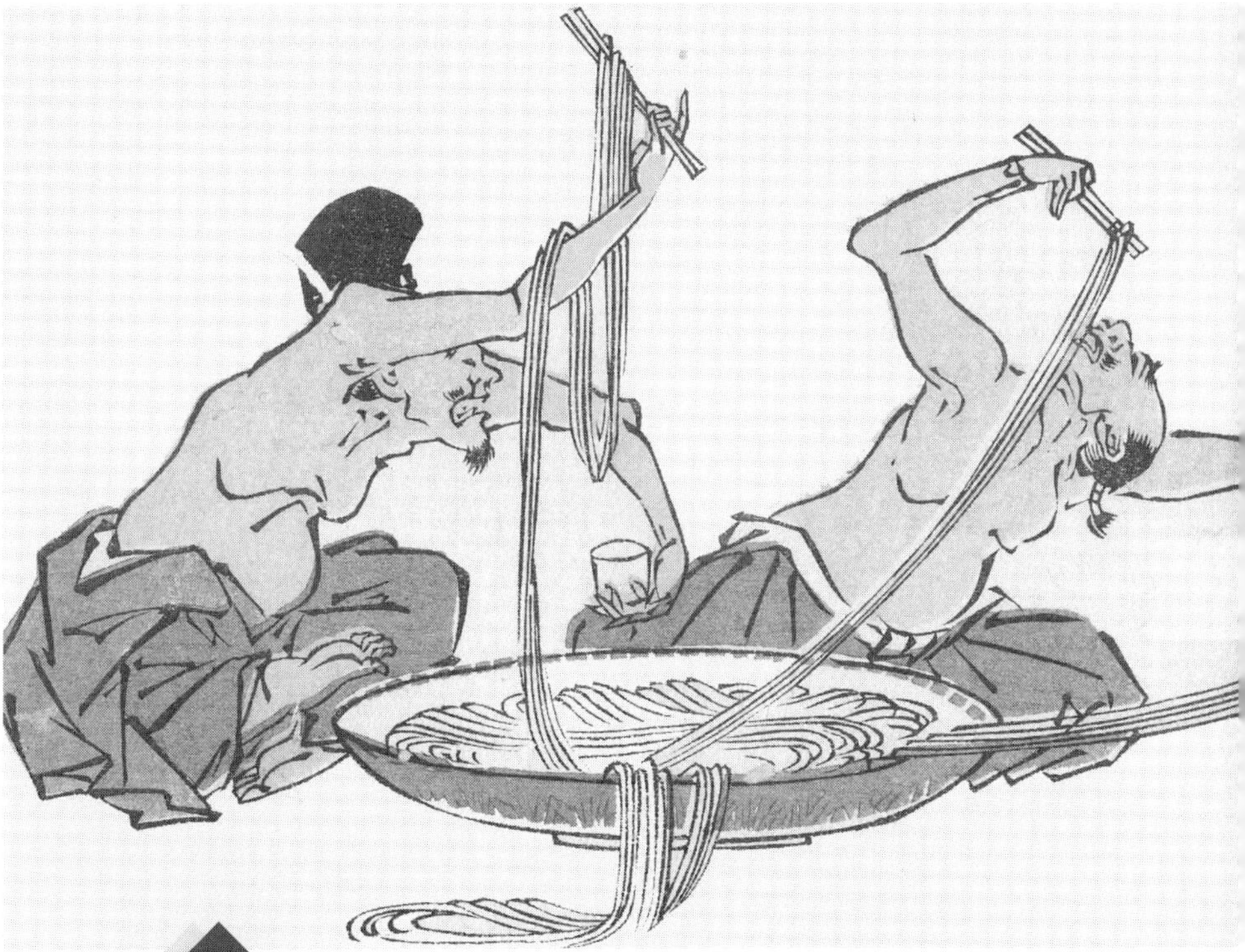

料理

◆夜鷹蕎麦◆蕎麦屋◆慳貪屋◆天ぷら屋
◆茶飯売り◆鮨屋◆鮨売り◆飯鮨師
◆料理茶屋◆料理人◆鰻屋◆居酒屋

■米俵が運ばれる米問屋（童子専用寺子調法記）

味わい

日々の飯から特別な日の宴の膳まで、和食の基礎は江戸時代から

朝昼晩と日に三度の食事が当たり前になったのは江戸時代の初期。それまではひと仕事終えて遅めの朝食を摂り、夕暮れには晩飯を済ませて寝るのが普通だった。主食の穀類は身分や地域で一概にはいえないが、幕末の風俗誌『守貞謾稿』には市民の日常食について「京坂では昼に飯を炊く。昼飯は煮物、あるいは魚類、味噌汁など二、三種のものと合わせて食べるが、朝食と夜食は冷や飯茶漬けと香の物。江戸は朝炊いて味噌汁を付ける。昼と夕飯は冷や飯で、昼飯には野菜や魚肉なども付けるが、夕飯は茶漬けに香の物」といっている。三都ともに朝夕は軽く、午後の活動に供えて昼はしっかり食べていたのだろう。

一口に一汁一菜といっても、膳が調うまでには実にたくさんの人手がかかっている。この章では、始めに膳に並ぶ品々が誰のどのような仕事でもたらされるかを「朝餉夕餉」と題して、主食、調味料、副菜の順で紹介していく。

●江戸時代の銘酒

代表格の酒について、江戸期の事情に少し触れてみる。

江戸時代の酒どころは摂州（兵庫・大阪）の伊丹、池田、灘が筆頭。醸造家も多く、上等の酒を出し、はなはだ繁盛していて、主な銘柄は剣菱に正宗。西で造って東へ運ばれるこれらの「下り酒」が銘酒とされた。こうした上方の酒

■銘酒剣菱の印（紫草江戸商標集）

は発酵が終われば樽に詰められ、船で江戸へ下って来る。この海上輸送の間が寝かせる時期といえ、熟成された酒が江戸に届く頃、ちょうど良い飲み頃になったのだろう。江戸に着くと日本橋の酒問屋に荷揚げされるが、京大坂では酒の問屋がなく、造り酒屋から直接仕入れて小売りをした。

●外で食べる　長屋の住人が外で食べるのは主に夜。外で働く大工や左官は、仕事先で出される昼食を食べたり、自前の弁当を使う。自宅で仕事をする居職は家人か自分で作る。町中を売り歩く出商人は弁当持参で、買ってもらった先で弁当を使う。夕餉となると人それぞれ。夜なべ仕事で小腹がすけば夜鷹蕎麦がやって来るし、通りへ出れば鮨や天ぷらの屋台店が出ている。料理屋や鰻屋は手が出なくても、こうした屋台は庶民の味方だ。

●江戸っ子は蕎麦好き　上方がうどんなら江戸は蕎麦で、店はそこら中にあった。蕎麦はどこでも採れる救荒作物として各地に伝わったが、食べ方は蕎麦粉を湯で溶いて練っただけの蕎麦がきの方が歴史は古い。蕎麦切り、略して蕎麦の登場は江戸時代初期で、幕末の江戸には町内に一軒は蕎麦屋があるほど盛況だったという。「八百八町」から発展し続けた江戸の町は江戸中期には一七〇〇町余り。『守貞謾稿』によれば万延元（一八六〇）年、蕎麦の値について江戸内の蕎麦屋が集まったが、夜鷹蕎麦を入れないで三千七百六十三店あったというから、乱暴な計算で各町二軒。

米

朝餉夕餉

飯と汁が基本の日常の食は米、味噌醤油に青物で間に合う。魚が付けば御の字の日々の膳。それらの生産の仕事や商いの様子を見ていく。

■農人は物を作る人のこと（頭書増補訓蒙図彙）

農夫

●のうふ

あまたの職業を収録した『人倫訓蒙図彙』には「農夫」の見出しの後、農人の仕事というのは国家の大要であり、人を養うという功績があるという。生きるための米を作り、税を納めるのが農民。

鋤鍬柄師

●すきくわつかし

鋤も鍬も田畑の土を掘り起こす農具。鍛冶《かじ》が作った鋤鍬に樫の木の柄を付けるのが柄師の仕事で、かたわら荷物を担ぐ天秤棒も作る。

■刃と水平に柄を付けたのが鋤、直角が鍬（人倫訓蒙図彙）

田植

■田植は女の仕事。笠を深く被り、声も優しげに田歌を歌う（人倫訓蒙図彙）

種蒔

■種蒔。農夫のことわざに曰く「春植えて秋納め、田がえし種蒔露にぬれ、雨雪をいとわず寒暑をもしのぐ」（人倫訓蒙図彙）

龍骨車師

●りゅうこつしゃし

水は稲作の命。低い所を流れる用水から田んぼへ、命の水を引く道具が龍骨車。左図のように足踏み式で水かきの板を回転させて水を揚げる仕組み。揚水機には羽根車を足で踏んで回す小型水車のような踏車《ふみぐるま》もある。

■キャタピラ状の板を回転させて水を揚げる龍骨車（絵本士農工商）

■龍骨車はおもに関西で使われた。大坂天満橋に職人がいたという（人倫訓蒙図彙）

臼目立

●うすめたて

臼目切ともいい、籾摺《もみすり》や製粉に使う磨臼《すりうす》の目を刻む。磨臼は餅搗きの臼とは違って上下二つの円筒を重ねる形で、上下とも接触面に溝が刻んである。目が磨り減ったのを新しく切るのが臼目立の仕事。

■磨り減った臼の目を切る臼目立（今様職人尽歌合）

籾摺

■殻や発育不全の粃（しいな）を吹き飛ばして実を残す唐箕（狂歌倭人物初編）

■昼間は田を刈って稲の穂をこそげ落とし、夜には風流な歌を歌い臼を引く（人倫訓蒙図彙）

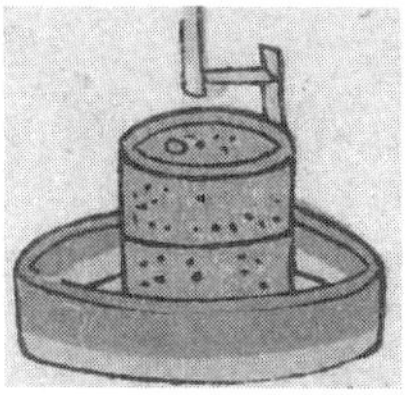

■磨臼。左は茶や粉を挽く石臼（商売往来絵字引）

籾摺●稲刈りを終えて脱穀をした後、磨臼にかけて籾から籾殻を取り除くのが籾摺（上図左）。上下に分かれた臼の上の部分を引き回すと、透き間から殻が出て来る仕組み。

■手にした「米刺」で、馬で運ばれてきた米俵の中の米を検査するところ。米刺は俵に刺して少量のサンプルを取り出す道具（人倫訓蒙図彙）

■仕入れた新米の米俵を杉形に積んでいく米屋（宝船桂帆柱）

米

米屋

●こめや

日に三食の習慣は江戸の初期に始まったという。将軍のお膝元、江戸では下々まで白米を食べていて、朝餉に米を炊いて昼夜は冷飯だが、白いご飯が第一。副菜は出商いから買えるが、米は売りに来ない。米屋から量り売りで買う。

搗屋

●つきや

玄米を精米するのが搗屋。米屋に雇われて店の奥で図のような足踏み式の唐臼で白米にする。自前の店を構える者もいれば、臼を転がして町内を回る出張型もある。

■行く末の出世を思い、身を粉にして勤める搗屋（家内安全集）

餅

餅屋

●もちや

餡を餅で包む、逆に丸めた餅に餡を付けた餅菓子を作って売る。京坂では餅を皮にする大仏餅、江戸は餡で包む餡ころ餅（餡衣餅）の幾世餅が名高い。

■餅屋は注文があれば正月の餅も搗く（諸職人物画譜）

■こちらは大仏餅の店（人倫訓蒙図彙）

■看板に「いくよ」とある幾世餅の店。亭主が餅に餡を包んでいる（宝船桂帆柱）

臼師

●うすし

餅搗きの臼●籾摺も粉挽き用も皆、臼というが、餅を搗くのは搗臼《つきうす》。餅は中央のへこみに炊いた糯米を入れて杵で搗く。

■搗臼を作る臼師（人倫訓蒙図彙）

■磨臼で粉を挽く粉屋（人倫訓蒙図彙）

粉屋

●こなや

饂飩の粉、蕎麦の粉などを臼で挽いて売る店。麺類師や饅頭屋がここに来て粉を買う。また、大豆の粉、芥子の粉、山椒の粉、米の粉、こうしたものは乾物屋などで売る。

麺類売り

●めんるいうり

饂飩や蕎麦を打って一人前ずつ小分けにする。これらの麺類を夜になってから担い歩く。

■麺類売り（人倫訓蒙図彙）

麺

■手延べした細い麺を天日干しする素麺師（絵本庭訓往来）

素麺師

●そうめんし

大和の三輪素麺が名物。『日本山海名物図絵』には、糸のように細く、雪のように白い、茹でても太くならない素麺で、他の地域から出る物とは比較にならないほどよいとある。

塩

■汐汲みは女の仕事とされ、汐汲海人ともいわれる（人倫訓蒙図彙）

下りもの●京へ向かうのが上りでその逆は下り。下りものとは京坂から江戸へ運ばれた品のことで質が良いと尊ばれた。代表が下り酒。

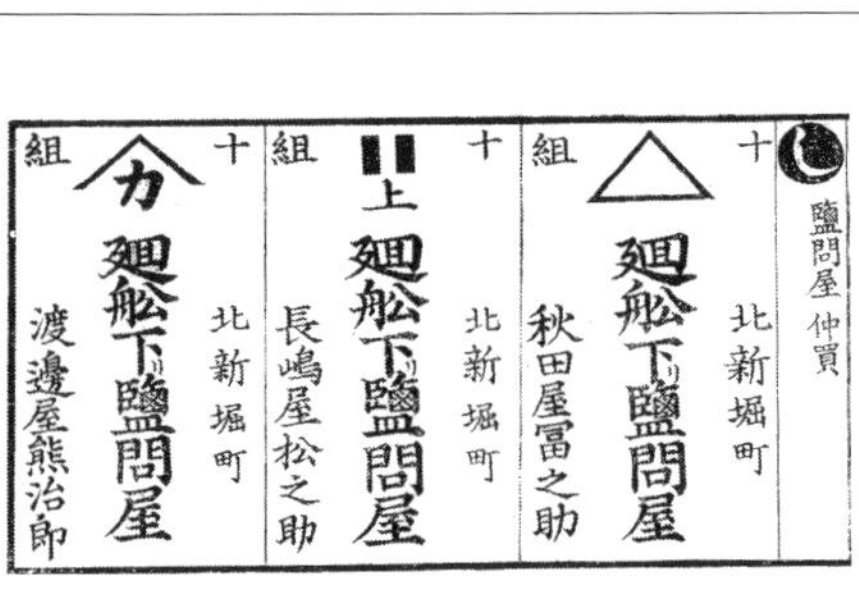

鹽問屋 仲買

十組 廻船下り鹽問屋 北新堀町 秋田屋冨之助

十組 廻船下り鹽問屋 北新堀町 長嶋屋松之助

十組 廻船下り鹽問屋 北新堀町 渡邊屋熊治郎

■一級品とされた赤穂の塩などを扱った日本橋の塩問屋（江戸買物独案内）

■『江戸名所図会』に載る「行徳塩竈之図」。プールのような竈で火を焚き、海水を煮詰める

塩焼
●しおやき

沢庵を漬けたり魚を焼いたり、調理に塩は欠かせない。「塩焼」は塩作りの仕事のこと。海水を汲み、煮詰めて塩を作る。昔から播州赤穂の塩が上品とされたが、江戸市民が消費する塩は主に近海の行徳で製塩され、船で運ばれた。

酢

酢屋
●すや

■店頭で量り売りをする酢屋（人倫訓蒙図彙）

酢屋は米から作る米酢を売る。酢は塩を加えて酢飯に、あるいは酢の物や和え物に使う。家庭用というより料理人用の調味料か。

■樽入りの酢（商売往来絵字引）

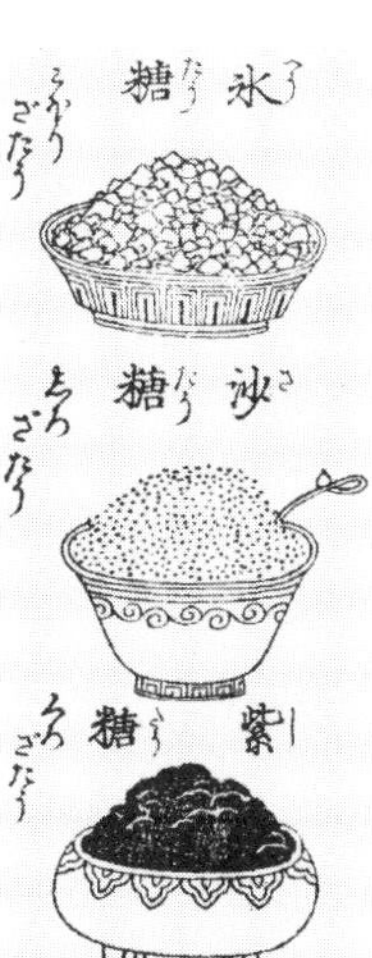

■砂糖の色々。上から氷砂糖、白砂糖、黒砂糖（頭書増補訓蒙図彙）

砂糖は薬？●江戸後期に砂糖黍の栽培が始まるまで、砂糖は貴重な舶来品。オランダから長崎に来る出島糖、中国からの三盆、薩摩が支配した琉球産の黒砂糖などなど。国産品が出回るまでは専業の砂糖商はなく、薬酒商が兼業していた。

醤油

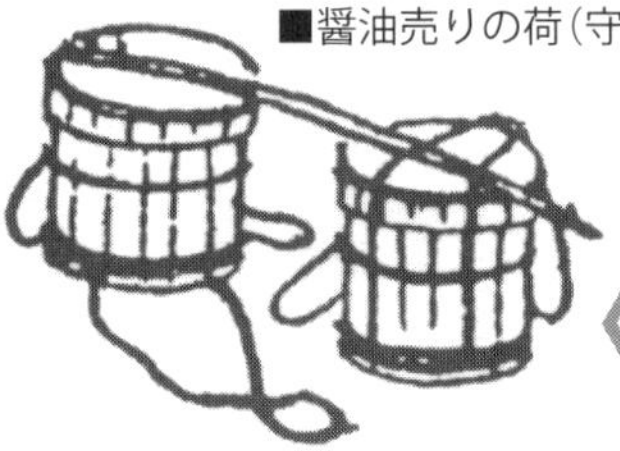
■醤油売りの荷（守貞謾稿）

醤油売り

●しょうゆうり

醤油は堺が名物。堺、大坂で作り、各地に出荷した。江戸へはこの下りものの他、下総（千葉）の野田、常陸（茨城）の土浦から来るものが上製とされた。江戸では町内を回って歩く醤油売りがいて、酒も一緒に商った。

■醤油は麦で作り、麹は米または麦を室に入れて作る（商売往来絵字引）

麹

秋から冬にかけて米の麹を売りに来る。これは各家で茄子の麹漬けを作るためのもの。江戸の麹箱は京坂に比べると小型で簡単にできている。

麹屋

●こうじや

麹には色々ある。酒造りにも、味噌、醤油あるいは漬物を作るにも麹は使われた。米や麦、大豆を蒸し、麹舟という薄い箱に入れたものを数枚重ね、室に入れて発酵させる。

■職人の後ろにあるのが室（人倫訓蒙図彙）

麹売り

●こうじうり

■薄い麹箱を重ねた麹売りの荷（守貞謾稿）

■鉢から味噌を取る道具を看板にしている味噌屋（絵本士農工商）

味噌

味噌屋

●みそや

味噌汁の元、味噌を作って売るのが味噌屋。味噌は蒸した大豆を搗いて麹と塩で作る。使う麹の違いから米味噌、麦味噌、豆味噌と分かれる。家康の古里三河の八丁味噌は豆味噌、仙台味噌は米味噌。

■蒸した大豆を臼で搗いている職人。上の図では搗米屋（109頁参照）と同じ足踏み式の臼で搗いている（人倫訓蒙図彙）

法論味噌売り

●ほろみそうり

法論味噌●焼味噌を天日で干して山椒や胡麻を刻み入れたもの。名の由来は奈良興福寺の僧が法論、つまり宗教談義をする際に食べたところから来ている。

■曲物の容器に綺麗な薦（こも）を被せ、二つの荷に棒を通して担い歩く法論味噌売り（人倫訓蒙図彙）

唐辛子売り

●とうがらしうり

■七種の材料を小箱に入れて、調合しながら売る屋台の唐辛子売り（絵本士農工商）

薬味に使う七味唐辛子を売る。唐辛子に加えて陳皮《ちんぴ》（みかんの皮）、山椒、肉桂、黒胡麻、麻の実などを竹筒に穴を開けたものに入れて売り歩く。『守貞謾稿』によれば、大坂に甘辛屋儀兵衛という弁の立つ人がいて、客の注文に合わせて調合しながら色々いうのが面白がられ、興行師に雇われてその口上を演じたりするとある。

■筒に入れた七味唐辛子を売る。唐辛子は新宿内藤邸のあたりが名産地ゆえに、江戸の売声は「内藤唐辛子」（守貞謾稿）

唐辛子

■蕃椒とも書く唐辛子（商売往来絵字引）

唐辛子●熟した赤い実が香辛料になるのだが、青いうちに採ったものは煮物や吸物にする。唐辛子の葉、葉唐辛子も佃煮などにして食べる。

乾物

■ご亭主が生海苔を刻み、それを女房が木枠に流し入れている（絵本庭訓往来）

■海苔漉。簀を敷いた四角い木枠に生海苔を流し込んだ後、簀ごと取出して干す（今様職人尽歌合）

海苔漉

●のりすき

海藻の海苔を漉いて干海苔を作る。『日本山海名物図絵』には江戸浅草海苔と題して、海苔は品川の海で採り、品川の町で作ったものを品川海苔、浅草でできたのを浅草海苔というとある。他に下総葛西海苔、出雲の十六島《うっぷるい》海苔は皆名物。

乾物屋

●かんぶつや

椎茸、きくらげ、干瓢、大豆、小豆、ひじき、ぜんまい、昆布、数の子、ごまめ、干鱈など、様々な海山の幸を乾燥させた、いわば保存食の類を商う。江戸では店売り、京坂は担い売りもした。

■鰹節を磨く主人（宝船桂帆柱）

■土佐のものが最上という鰹節（商売往来絵字引）

魚

漁師 ●りょうし

魚を漁《すなど》る者を漁人、漁夫、一般に漁師というが、『人倫訓蒙図彙』には漁人は釣針を垂れ、網をおろす海の猟師だとある。海の狩人。ちなみに、江戸には房総や三浦の漁師が捕った魚を即刻船を漕いで日本橋の市場に持って来た。

■海の猟師、漁人（人倫訓蒙図彙）

■船方を伴って漁に出る網打（萬物雛形画譜）

網打 ●あみうち

■網打。笠は漁師、釣人、船頭が被る竹の皮で編んだ筍笠（今様職人尽歌合）

網打●魚具には網、釣具、銛など色々ある。「一網打尽」が望める網漁具のうち、投網を打つのが網打。川面や海面に投げ広げ、被せて捕る。多人数を繰り出す地引網や底引網に対して、漁夫一人でもできる。

■船上の魚籠には鮑らしきものが見える（日本山海名物図絵）

海人《あま》

海中に入って鮑などの貝や昆布、荒布の類を採る人のこと。海女とも書き、主に女性の仕事。また、塩を汲む女性もそう呼ぶ。

■海に潜って採る鮑や栄螺（素人庖丁）

■鵜遣。早瀬に船を浮かべ、あまたの鳥の綱を手に持ってそれぞれにさばく。引上げる所作は素早い（人倫訓蒙図彙）

鵜遣《うつかい》

鵜を使って鮎や鯉などの川魚を捕るのが鵜遣、いわゆる鵜飼で、岐阜長良川が有名。鮎は他にも梁を仕掛ける漁法もある。『江戸名所図会』には「玉川猟鮎」と題して釣り人の姿が描かれている。

■鮎（絵本手引草初編）

魚屋

●さかなや

京坂江戸の三都ともに、魚屋は塩物（干物）もあわせて売る店がある。ただし、大坂で鮮魚だけを扱うのは堺や尼ヶ崎から来る人たち。現地に立つ夜中の市で仕入れ、明け方に大坂へやって来て得意先を回る。江戸は房総や三浦半島の漁師が船で日本橋の魚市に運び、仲買を通して小売りの魚屋へ渡る。

■台には鮃、手鉤で鰹を下げる魚屋。足元の水気を嫌う魚屋は、好んで足駄を履く（宝船桂帆柱）

初鰹●旧暦四月一日は綿入れから袷に替える衣更の日。この日から初漁の鰹を江戸では特別に初鰹と称して珍重した。もっとも、昨今の鮪の初売り同様べらぼうな値で、江戸の中後期には一匹二、三両。女房を質に入れたところで庶民に手の出るものではない。

魚売り

●さかなうり

魚市場で競り落とされた魚を仲買から買って売り歩く。大店の得意先を持つ者も長屋住人相手の小商いもいる。保存が利かない魚は売るのも時間が勝負ゆえに、棒手振りは往来を走る。

■日本橋の魚市。近海で捕れた魚が毎朝高速船で運ばれて来る。図の左上に見えるのが足の速い押送船（江戸名所図会）

上方

■大坂に着いた魚を籠に入れて京へ運ぶ魚売り（人倫訓蒙図彙）

江戸

■江戸の棒手振り。売れた魚は客の目の前で捌く（今様職人尽歌合）

棒手振り●天秤棒の前後に荷を振り分けて、担いで売るのが棒手振り。京坂ではこうした小商人をすべて棒手振りと呼ぶが、江戸では魚を担い売りする者だけを「ぼて」という。

■茄子、大根、生姜などが並ぶ八百屋の店先（素人庖丁）

■乾物類も売る八百屋（人倫訓蒙図彙）

野菜

八百屋

●やおや

野菜を売るのが八百屋だが、『人倫訓蒙図彙』では一切の精進の調菜（おかず）、乾物、海草、木の実、草の根などあらゆるものを売る、として錦小路の名を挙げている。ちなみに、絵師の伊藤若冲は錦小路の八百屋の主。江戸では神田の須田町や連雀町、大坂には天満に青物市がある。

■八百屋（宝船桂帆柱）

前栽売り

●せんざいうり

前栽は本来前庭に植える草木のことだが、江戸では青物のことも前栽といった。瓜、茄子、それに小松菜などの青物を一品か二品、籠に入れて売り歩き、江戸では前栽売りと呼ぶが、京坂ではこれも八百屋という。

■前栽籠と呼ばれる籠で近隣の農家から運ばれる青物（守貞謾稿）

漬物屋

●つけものや

香の物、お新香ともいう漬物は、日常の膳には欠かせないおかずの一品。塩、味噌、糠、麹や酒粕などで野菜を漬け、売るのが漬物屋。塩漬の梅干しや糠漬けの沢庵、あるいは茄子などを刻み入れたなめ味噌も売る。

■「ひしほ」は醤のことで、なめ味噌の一種。頭に金山寺とあるので、金山寺味噌が売りものか。暖簾の「小田原や」から察するに、梅干しも主力商品なのだろう（宝船桂帆柱）

■漬物売りの荷（守貞謾稿）

漬物売り

●つけものうり

京坂では茎屋といい、大根や蕪を葉と一緒に塩漬にした茎漬などを朝売り歩く。江戸は瓜、茄子、大根などの塩漬や沢庵漬を売る。沢庵は上方では家庭でも漬けるが、江戸は自家製は稀。

■漬物の色々。砂糖漬は生姜や草杉蔓（くさすぎかずら）、味噌漬は大根や瓜。奈良漬は瓜などの粕漬。沢庵漬は大根を干してから糠と塩で漬けたもの（商売往来絵字引）

■豆腐師は職人の内随一の朝起(人倫訓蒙図彙)

豆腐屋

●とうふや

庶民にとって最も身近な惣菜、豆腐は『守貞謾稿』によれば、当時京坂の豆腐は柔らかで色が白く味も良いが、江戸のは固く色も真っ白ではないし、味も劣るという。一丁の値段は京坂が十二文、江戸は五十文ほどするが、相応の大きさがあるので値はほぼ同じ。

■豆腐屋の朝は早い。図中の問答は「庚申待の豆腐屋なあに　中納言（大伴）家持ととく　心は　白きを見れば夜ぞ更けにける」。ちなみに、庚申待とは徹夜で行う宗教行事（百人一首和歌誂）

豆腐売り

●とうふうり

ごく浅い半切桶に豆腐を入れて天秤で担いで売り歩く。焼豆腐、油揚げも売る。京都は一丁から、大坂は半丁以上。江戸は京坂に比べて大きく、四半丁(四つ切り)でも売る。

■京坂の豆腐売り。左は江戸の荷(守貞謾稿)

惣菜

■京都の麩屋町に多くが住む麩師。昆若（蒟蒻）もあわせて作るところもある（人倫訓蒙図彙）

麩師

●ふし

水を加えた小麦粉をよくこねて、粘りが出たら水中でもみ洗い。これに糯米の粉を加えて蒸したのが京都名物の生麩で、精進料理には欠かせないもの。渦巻状の車麩や板状に作る庄内麩など、焼麩は各地にある。

■生麩を焼いたものが焼麩。形は色々あり、渦巻は棒に巻き付けて焼いた車麩（商売往来絵字引）

焼豆腐師

●やきどうふし

水気を切った豆腐に串を打ち、焼くのが焼豆腐。味噌を塗って焼いたものは田楽豆腐という。『人倫訓蒙図彙』には祭など人の多く集まる所に店を構えるとある。

■焼豆腐師（人倫訓蒙図彙）

叩納豆

●たたきなっとう

叩納豆は納豆を庖丁でたたいて細かくしたもので納豆汁や和え物に使う。『人倫訓蒙図彙』には薄く平たく四角にこしらえ、細菜、豆腐を添えるものだと書いて、九月から二月まで売りに出るとある。

■叩納豆売り（人倫訓蒙図彙）

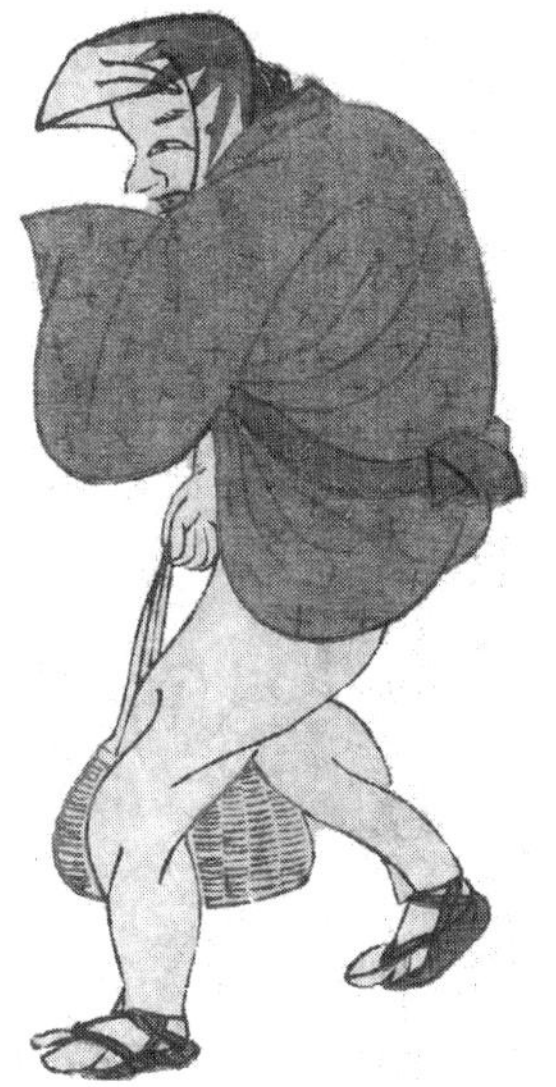

■鶏の玉子、家鴨の玉子を売る玉子売り（今様職人尽歌合）

玉子売り

●たまごうり

主に鶏卵を売り歩く。玉子は菓子の材料にしたり、焼いて握り寿司の種や幕の内弁当のおかずに、あるいは麺類の卵とじなど、江戸時代には広く使われたが、値の張るものだった。『守貞謾稿』にはゆで卵売りについて、「たまご、たまご」と必ずふた声の売り声で一つ二十文に売るとある。蕎麦一杯より高価。

鰻蒲焼売り

●うなぎかばやきうり

京坂では蒲焼に必要な道具すべてを担って売り歩く。鰻は路上で裂いてから焼く。江戸では店で焼いたものを手桶形の岡持ちに入れて売り歩く。京坂の蒲焼は大骨を取らないもので一串六文、江戸では大骨を取り去り十六文に売る。

■路上で鰻を裂いてから焼く京坂の蒲焼売り（守貞謾稿）

■鶏卵（商売往来絵字引）

菜屋●菜は普段のおかず、惣菜のことで京坂でいう番菜のこと。江戸には方々にこうした店があり、生鮑、鯣、刻み鯣、焼豆腐、蒟蒻、慈姑、蓮根、牛蒡などを醤油の煮染めにして大きな鉢に盛り、棚に並べて売る。煮豆を一緒に売る店もある。

嗜好品

日に三度きっちり食べれば生きていけるが、飲み食いすると嬉しくなるのが酒、菓子、茶の類だろう。餅菓子や煎餅は小腹を満たすのにも良い。

飴

■参拝客の土産になった目黒不動の名物目黒飴（江戸名所図会）

　砂糖が普及するまでは貴重な甘味料だった飴は、全国各地に名物がある。竹の管に似た管飴《くだあめ》は京都所司代に献上した桂の里の名物。大坂は天王寺の東、平野町で作る平野飴、江戸は目黒不動の目黒飴がよく知られている。

飴師

●あめし

■飴師（人倫訓蒙図彙）

飴売り

●あめうり

■江戸の飴売りは必ず渦巻きを描く（守貞謾稿）

路上の飴売りは大傘の下で商うことが多い。これは飴が日光で融けないようにするためで、俄雨の備えにもなる。右図のように担ぎ売る飴屋もいる。

■晒し飴を切り、袋に詰めて売る飴売り（今様職人尽歌合）

飴細工

●あめざいく

葭の茎の先に飴を付けて鳥や動物などに似せた形を作ったり、吹いて膨らませ、大きな玉にしたりする。形を作った後に紅や藍で色を着ける。古くは鳥だけを作ったのか、飴細工を総称して飴の鳥ともいった。

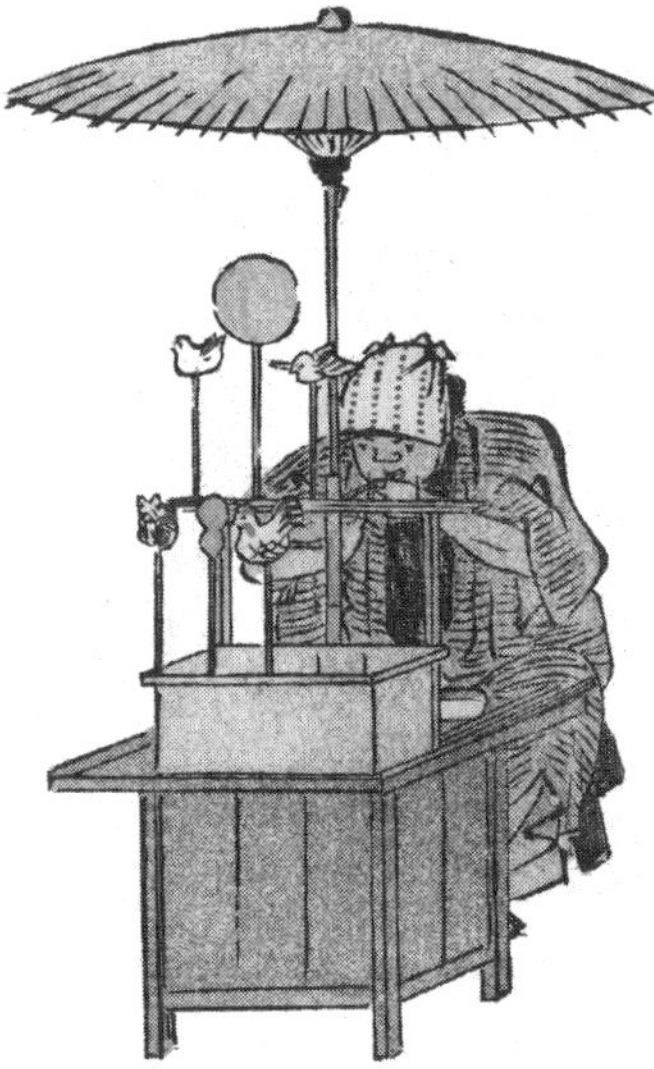

■飴細工は技を見せる大道芸（狂歌倭人物初編）

■京坂では途中まで飴屋が膨らましたものを吹きかけといって売り、買った子があとは自分で膨らます（守貞謾稿）

甘味

■握った粟餅を五本の指の間から同じ大きさに四つずつ出し、目にもとまらぬ速さで黄粉を入れた鉢に投げ込む（守貞謾稿）

粟餅屋
●あわもちや

蒸した糯粟《もちあわ》を搗いたのが粟餅。小さく丸めて餡で包んだり、黄粉をまぶして売る。江戸では神社や寺で開帳などがあり、人が集まると「飛団子《とびだんご》」売りが出る。これは黄粉の鉢に餅を投げ入れる曲芸のようなもの。

■岩起売り。箱の印、梅鉢は創業者の紋（守貞謾稿）

岩起売り
●いわおこしうり

「おこし」は米を蜜などで固めた菓子で、岩と付けたのは固いことを表したもの。大坂道頓堀二ツ井戸西に津の国屋清兵衛が作って売り出した名物。これを真似て作る者も多く、皆津の清を装って売る箱に津の清の紋、梅鉢を書いている。

■善哉売り。汁粉屋から鍋焼きうどんに看板を替えて悪者に仕返しをする落語があるが、売り歩く姿は麺類売りに同じ（守貞謾稿）

善哉売り
●ぜんざいうり

善哉は小豆の皮を取らずに黒砂糖で煮て、これに丸餅を入れた京坂の食べ物。江戸では汁粉といい、小豆の皮は取って、白砂糖の上等でないものか黒砂糖を入れて煮る。店売りはやや高いが、売り歩くのは三都とも一椀十六文。

粽師

●ちまきし

■粽師（人倫訓蒙図彙）

京坂では男児が生まれると最初の端午の節句に親族や知合いに粽を配る。粽は糯米や新粉で作る餅菓子の一種。『人倫訓蒙図彙』には粽師は笹粽や飴粽を作るとある。笹粽は笹で包むが、飴粽は藁で包んで蒸す。薄い飴色になるところから飴粽。

■粽は十個を束ねて一連とする（頭書増補訓蒙図彙）

■一枚ずつ炭火で焼き上げる煎餅師（人倫訓蒙図彙）

煎餅師

●せんべいし

江戸時代の事典には煎餅は餅を平たくして煎り炙ったものをいうとあるが、その種類は多い。生地は米粉か小麦粉で作り、焼き上げる。塩煎餅の代名詞ともいえる草加煎餅は粳米を搗いて薄く伸ばした生地に醤油を塗りながら焼く。

■『江戸買物独案内』に載る名物煎餅。浅草並木町の團十郎煎餅は直径五寸と大きく、三升の紋が付く。「巻煎餅」は中に砂糖菓子を入れて巻いたもの。生地に玉子を入れるのは贅沢品。

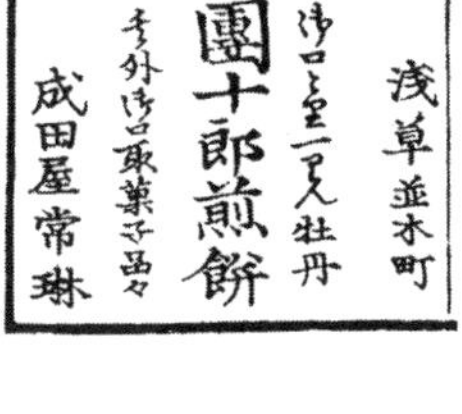

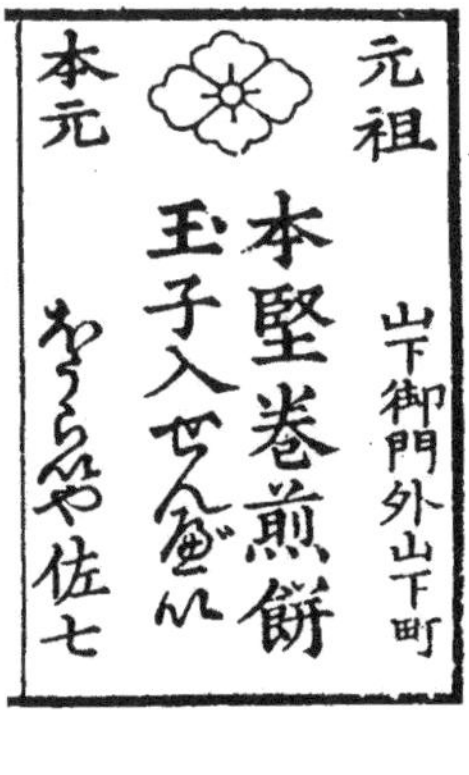

冷菓

■冷水売り。冷たい井戸の水はいらんかね（今様職人尽歌合）

冷水売り

●ひやみずうり

夏の暑い盛りに綺麗な冷たい水を汲んで来て売る。江戸は白玉と白砂糖を入れて一椀四文。京坂は砂糖のみで、砂糖水売りという。

心太売り

●ところてんうり

心太売りは三都ともに夏場の商い。その場で心太突で突いて売る。京坂は一個一文、買ってから砂糖をかけて食べる。江戸は二文、砂糖もしくは醤油で食べる。

■心太売り。徳利に醤油、桶には心太が入っている（諸職人物画譜）

■飴売り同様傘の下の商人、西瓜売り（諸職人物画譜）

西瓜売り

●すいかうり

夕涼みの人で賑わう場所で西瓜や真桑瓜などを売る。こうした果実の類を古くは「菓子」と称したが、江戸期には京坂では果物、江戸では干菓子や餅菓子と区別して水菓子といった。

■焼菓子を作る菓子師（人倫訓蒙図彙）

■棹物菓子の一つ、州浜を作る菓子職人（鼎左秘録）

菓子師

●かしし

元禄三年（一六九〇）に刊行の『人倫訓蒙図彙』には、諸の乾菓子（干菓子）、羊羹、饅頭の類、饂飩、蕎麦切これをなすとあり、当時は菓子類以外も手掛けたことが分かる。菓子師は作って売る仕事。

■江戸の菓子店看板（守貞謾稿）

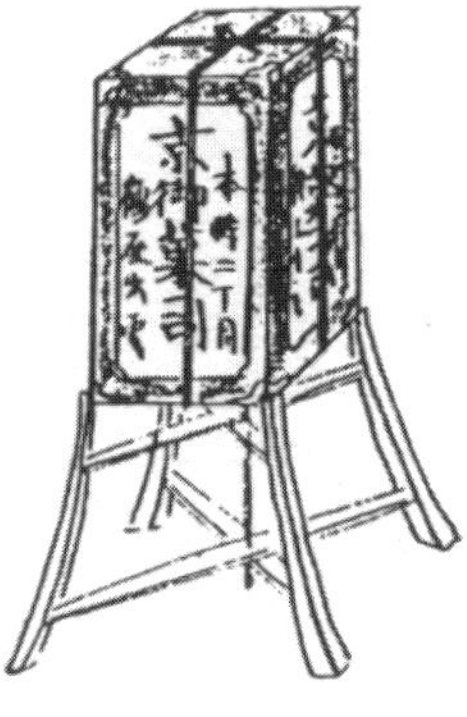

■暖簾の下がる京坂の菓子店。右は江戸の店（守貞謾稿）

菓子

■丁寧に菓子を詰める菓子屋（宝船桂帆柱）

菓子屋

●かしや

白砂糖を使った上等な菓子、上菓子を売る。図に添えた狂歌には「かしみせは徳羊肝の評判にその身落雁金は有平」と商い品目を散りばめている。有平は砂糖と水飴を煮詰めて作る有平糖のこと。

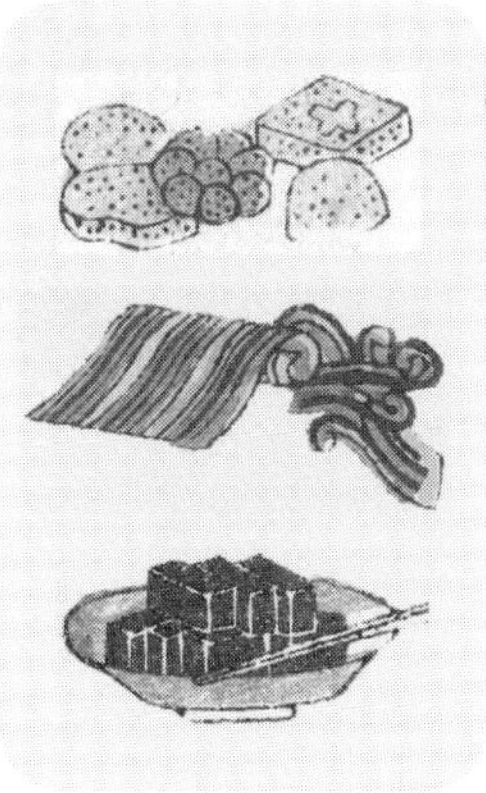

■上から落雁、有平糖、練羊羹（商売往来絵字引）

香煎師

●こうせんし

香煎は炒った米や麦を挽いて粉にした「こがし」に陳皮などを加えたもので、白湯に入れて楽しむ。江戸の茶店では一杯目は煎茶、二杯目には香煎湯を出す。

■漢方の薬種同様に香りの材料を薬研で挽く香煎師（人倫訓蒙図彙）

道明寺師

●どうみょうじし

大坂の尼寺、道明寺で作り出した保存食の干飯が名物になる。道明寺干飯、略して道明寺は米を蒸して乾燥させたもので、湯に浸せばすぐに食べられる。『日本山海名物図絵』には上白米を蒸し上げ、臼で細かく引き割り、袋に詰めて出すとある。京菓子の店でもこれを作り、餡を包んだ道明寺桜餅、道明寺椿餅として売る。

■蒸した米を天日で干す若い尼僧たち（日本山海名物図絵）

■袋詰めをする道明寺師（人倫訓蒙図彙）

挽茶と煎茶●緑茶には粉にした挽茶（抹茶）と湯で煎じる煎茶がある。江戸時代の中期まで煎茶は煮出すもので、急須で淹れるやり方は八代将軍吉宗の頃から始まったという。

■煎茶器。右は急須、涼炉（焜炉）、左は茶碗を入れる碗筒（素人庖丁）

■店先で茶を挽く茶屋
（絵本庭訓往来）

■宇治茶を挽く挽茶屋
（人倫訓蒙図彙）

茶

挽茶屋

●ひきちゃや

挽茶は抹茶ともいい、茶の湯に使う粉茶のこと。蒸して乾燥させた茶葉を茶臼で挽いて商う。葉茶は茶屋、といっても綺麗どころと遊ぶ茶屋ではなく葉茶屋で売る。

茶店

●ちゃみせ

歩いてどこへでも行く江戸の人びとに欠かせないのが一休みして茶を喫する茶店。京坂には祇園社や清水寺、天王寺など、寺社の社頭に小屋掛けの掛茶屋が出る。こうした店では粗末なお茶を朝作り、一日使う。茶代は五文ほど。江戸では看板娘が給仕をする「水茶屋」が人気を集めた。

■路傍の茶店（諸職人物画譜）

■造り酒屋。暖簾の上に出ているのは新酒の印、杉玉（商人軍配記）

酒屋

●さかや

■客が持参した徳利に酒を注ぐ酒屋（人倫訓蒙図彙）

■角樽を磨く主人。角樽は進物に使う祝いの樽（宝船桂帆柱）

摂津国の伊丹や池田、灘で作られる銘酒は、京坂では問屋を通さずに造り酒屋から直接仕入れて小売りをした。江戸へは海上輸送で日本橋の問屋へ渡る。小売りの酒屋は通い徳利という大振りを持参する客に量り売りもした。

酒

■下り酒の問屋が集まる日
本橋新川（江戸名所図会）

■荷揚げされる下りものの銘酒（絵本庭訓往来）

下り酒●下るとは、帝の都から地方へ向かうという意味で、下り酒は伊丹、池田、灘などから江戸に送られて来る酒をいう。江戸時代は伊丹が第一級品、次いで池田とされたが、幕末には灘ものの株が上がったようだ。江戸には下りものだけでなく、近郊で作られる地廻り酒も入荷した。

甘酒屋

●あまざけや

甘酒は酒とは名ばかりの、夏場に好まれた甘い飲み物。米を炊いて米麹を混ぜ、一晩寝かせれば出来上がるので、一夜酒ともいう。図に添えた狂歌は「あきないは三国一と名に高き、富士の山ほどたまる金銀」。一夜にして出現したという三国一の富士山に掛けている。

■大黒屋とおぼしき甘酒屋。「三国一」の屋号を持つ店も多い（宝船桂帆柱）

甘酒売り

●あまざけうり

甘酒は京坂では夏の夜だけ売りに来て、一椀六文。江戸では四季を通じて売っていて、一椀八文。茶碗や盆を入れた箱と甘酒の釜を据えた箱を天秤棒で担いで売り歩く。

■箱の中に釜を据えた京坂の甘酒売り。後ろは真鍮の釜を箱の上に置く江戸の甘酒売り（守貞謾稿）

白酒売り

●しろざけうり

陰暦三月三日の節句には、三都とも雛に白酒を供えるが、その時分だけ売りに来る。白酒は名実共に立派な「酒」の仲間だが、『守貞謾稿』によれば、路上で売る白酒は専ら小児用だという。製法上、飲み易いよう手心でも加えているのだろうか。

■硝子徳利を入れた箱を載せている白酒売りの荷（守貞謾稿）

■桃の節句には白酒を求めて大いに賑わう名店の豊島屋酒店（江戸名所図会）

■上巳（じょうみ）に白酒を祝う図。上巳は五節句の一つ、桃の節句（江戸大節用海内蔵）

料理

「和食」のすべてが出揃ったのが江戸時代。長屋の台所では手に余る天ぷら、鮨、蕎麦も外へ出れば選取りみどりの江戸の町。店舗はもちろん屋台も花盛りだ。

■江戸の後期に流行った夜鷹蕎麦。三都とも蕎麦一碗十六文、種入りは二十四文（今様職人尽歌合）

夜鷹蕎麦

●よたかそば

秋から冬にかけて、夜間に限って屋台で蕎麦を売る。江戸は夜鷹蕎麦、京坂では夜鳴うどんというが、ともに蕎麦もうどんも売る。蕎麦やうどんは夕餉の後にも夜なべをする職人や遊び人にとって小腹を満たすのに格好なものだったようだ。

■道端で色を売る夜鷹は夜の商売。「夜鷹蕎麦」は、この荷売りの蕎麦を夜鷹が贔屓したところから名が付いたという（守貞謾稿）

蕎麦屋

●そばや

蕎麦屋は江戸の一町内に一軒はあったという。竹の簀子に蕎麦を盛った盛、だし汁をかけたかけは十六文。種物は芝海老の「天ぷら」、「鴨南蛮」、浅草海苔を採んでまぶした「花巻」、具沢山な「しっぽく」と色々あって値段は二十四文から三十二文。

蕎麦

慳貪屋

●けんどんや

飯や蕎麦、うどんを大椀一杯の盛切りで売る店。『守貞謾稿』によると慳貪は吝嗇《りんしょく》に近く、食を無理強いしないという意味で「慳貪屋」と号したという。始めは蕎麦、次に飯、酒に移って終いには遊女にまで慳貪の名を付けるようになったとか。

■蕎麦屋。品書きの札にある「しっぽく」は玉子焼きや蒲鉾、椎茸など、具沢山なうどんのこと。同様に蕎麦も丼飯もある（宝船桂帆柱）

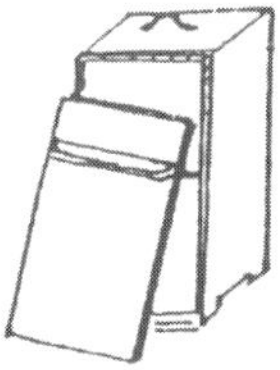

■注文の品を届ける慳貪箱（守貞謾稿）

■右は蕎麦と飯、左はうどんの慳貪屋（守貞謾稿）

■揚げたてを食べる屋台の天ぷら（江戸久居計）

天ぷら

天ぷら屋 ●てんぷらや

天ぷらは江戸の後期に根付いた屋台で供する食文化。天ぷらを売る屋台店は夜、人の多く出る場所だと一町内に三、四軒は出る。天ぷら屋は自宅で売るにも家の前に屋台店を置いて商売する。種は江戸前の魚介で、穴子、芝海老、小鰭《こはだ》など。

茶飯売り ●ちゃめしうり

夕餉の後の夜食に頃合いの江戸の町を売り歩く商売で京坂にはない。茶で炊いた飯とあんかけ豆腐を売る。天保（一八三〇～四四）以降は稲荷寿司も一緒に売った。

■二更過ぎ（午後九時～十一時頃）に売りに来る茶飯売り（守貞謾稿）

天麩羅●起源、語源が諸説ある天ぷら。一つが戯作者の山東京伝が名付けた、上方出身の男が店を出すにあたっての命名。大坂から来た天竺浪人がふらりと江戸へ売りに来て作り出したものだから「天麩羅」だという。天竺の天、麩は小麦粉、羅は薄いという意味で、小麦粉の薄物をかけたというお話。

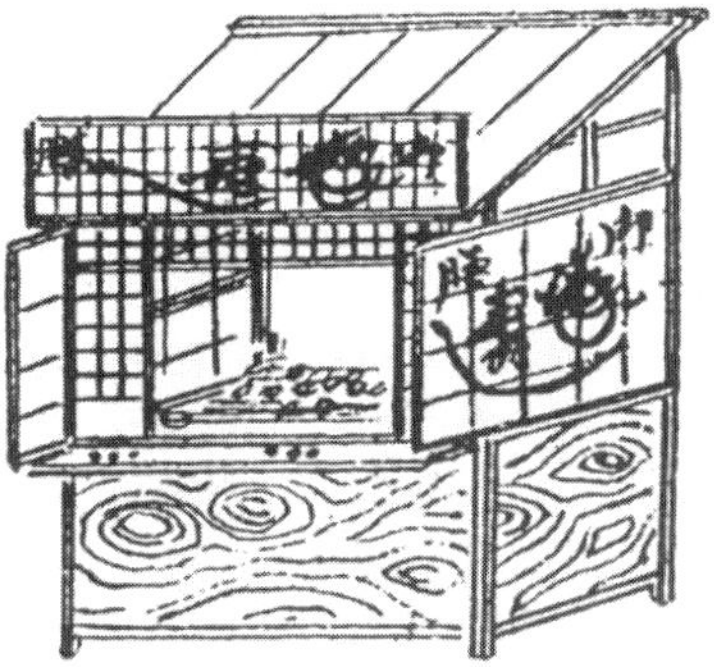

■繁華な通りに出る握り鮨の屋台店（守貞謾稿）

鮨屋

●すしや

江戸には鮨屋が多く、各町内に一、二軒はある。名の通った店はともかく、普通の店は店舗の前に屋台店を置く。屋台店だけで商売をするのも多い。江戸の鮨は握り。種は玉子焼、玉子巻、車海老、白魚、鮪刺身、小鰭《こはだ》、穴子の甘煮など。玉子巻が十六文、他は一つ八文。

鮨売り

●すしうり

三都とも鮨は自分の店か屋台店で売るが、江戸では重ね箱に詰めて肩に担いで売り歩く。春には専ら小鰭鮨を売る。

■江戸の鮨売り。京坂には担い売りはない（守貞謾稿）

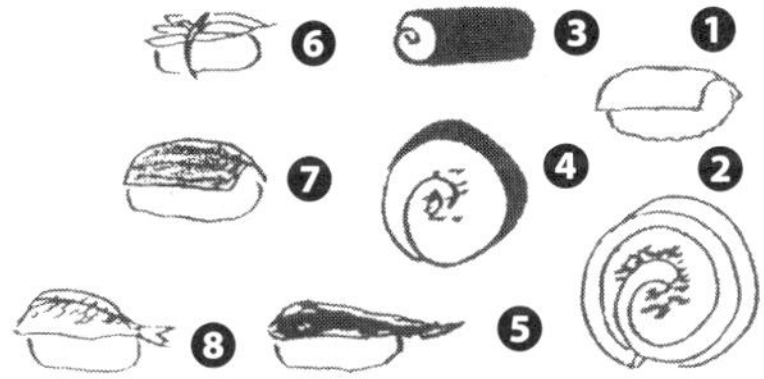

■江戸の握り鮨。❶玉子❷玉子巻❸❹干瓢の海苔巻❺穴子❻白魚❼刺身❽小鰭。❼❽は飯と寿司種の間に山葵を入れる（守貞謾稿）

飯鮨●魚、蕪などの野菜に飯を麹で漬けた「熟《な》れ鮨」の一種。鮨のルーツが熟れ鮨で、これは塩漬の魚に飯を詰めて発酵させ、魚を食べるもの。

鮨

飯鮨師

●いいずしし

■飯鮨師（人倫訓蒙図彙）

料理茶屋

●りょうりぢゃや

■深川の料理茶屋で雪見の宴をする人びと。上座に座る客人は大杯で酒を飲んでいる（江戸名所図会）

料理茶屋は割烹店のことだが、京坂と江戸では味付けも料理の出し方も異なる。醤油の塩味を加減し、淡泊で素材の持ち味を生かすのを良しとする京坂に対して、江戸は出しに味醂か砂糖を加え、口に甘さが残る。『守貞謾稿』によれば京坂ではついでの酒食が多いので、客の数はお構いなしに食べ物を多く出してお金を取ろうとするが、江戸では嘉永頃（一八四八〜五四）に会席風と名付けて客の数に合わせて多くもなく少なくもないように料理を出し、少し余る程度にして支払を少なくて済むようにしているとある。とはいえごく上等の店で一人前銀十匁ばかりというから、下々には高嶺の花。

■提灯の文字は店名の梅川。同名の名店が柳橋に実在（宝船桂帆柱）

■鶴を捌く料理人（素人庖丁）

料理人

●りょうりにん

料理を仕事にした始まりは、遥か昔に膳夫《ぜんぷ》あるいは膳部と呼ばれた天皇家の食を司った人びとだろう。『人倫訓蒙図彙』には、料理を芸として身を立てる人を料理人とも庖丁人ともいうとある。江戸時代には料理番とも板前ともいった。

■真魚箸を使って鯛を捌く料理人（人倫訓蒙図彙）

会席

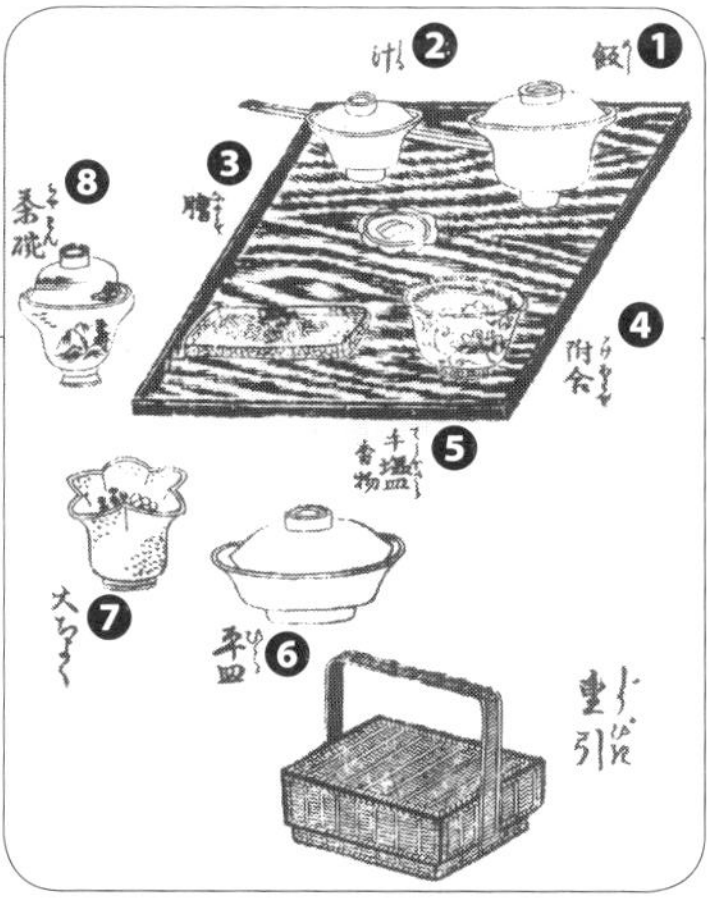

■会席膳。❶飯❷汁❸膾❹附合❺手塩皿❻平皿❼大猪口❽茶碗（料理早指南）

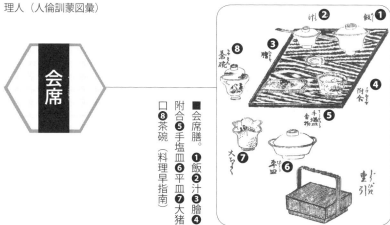

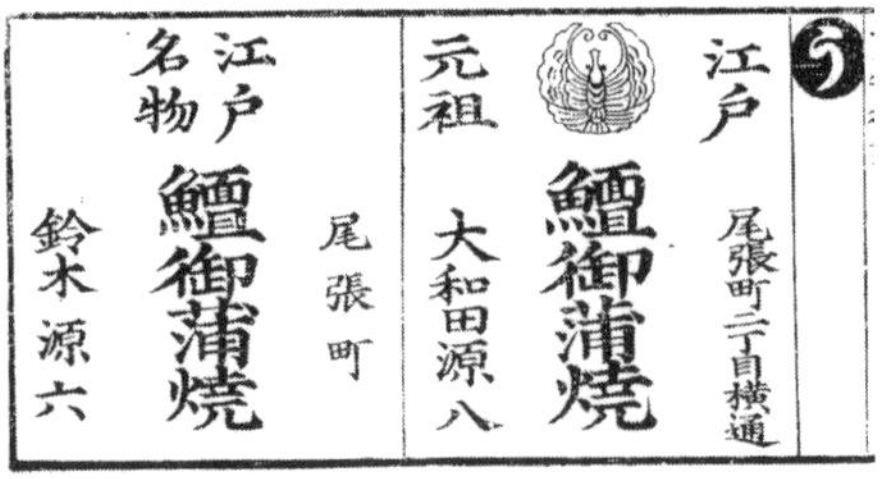
江戸 尾張町二丁目横通
鱣御蒲焼
元祖 大和田源八

江戸名物 尾張町
鱣御蒲焼
鈴木源六

■『江戸買物独案内』に載る江戸後期の名店

鰻屋

●うなぎや

江戸には鰻だけを出す専門店があるが、京坂にはない。京坂には鯉や鮒の刺身などを売る川魚専門の料理屋、生州《いけす》で鰻も出す。「蒲焼」の名は、昔は鰻を筒切りにしてこれに串を刺して焼いたので、形が蒲の穂に似ているところからきているという。西は琵琶湖の瀬田鰻、東は深川の鰻が名物とされた。

■江戸前大蒲焼の店。大は一串、中は二、三串を一皿に盛って値は二百文（宝船桂帆柱）

■「目打ち」を打って俎に固定した鰻を開く職人（はなし）

鰻

鰻飯●京坂では「まぶし」、江戸では「丼」という鰻飯。熱い飯をまず底に入れ、その上に小さな鰻を焼いて載せ、さらに飯、鰻と重ねていくもので、一人前百文から二百文。京坂は生州で売るが、江戸には専門店がある。

■鰻飯。丼には必ず引裂き箸（割箸）を添える。文政頃（1818 ～ 30）から三都とも使い出したもので、使う時に二本に割る（守貞謾稿）

酒

■大皿には肴が盛られ、鍋物も調ったようだ。浮世の憂さを晴らす居酒屋の客（質屋すずめ）

居酒屋

●いざかや

軒下には縄暖簾、醤油の空き樽を椅子代わりにして酒を飲ませるのが居酒屋。焼豆腐や煮染め、煮豆などを皿盛りにして売る煮売屋には酒を出すところもあり、居酒屋はこれによく似ているが酒が主体。

■燗酒と肴を運ぶ居酒屋の店主（宝船桂帆柱）

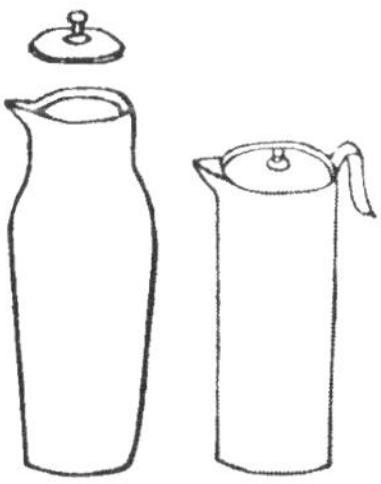

■燗徳利（左）と燗用具のちろり。左図の店内に掛っているのはちろり（素人庖丁）

江戸の豆知識

三月三日●上巳、桃の節句。雛人形を飾り、菱餅と白酒を雛に供える（女遊学操鑑）

春

正月元旦●屠蘇で新年を祝う。七日は七草粥、十五日の小正月には赤小豆粥を食べる（世志此銭占）

五月五日●端午の節句は男児の祝い事。菖蒲刀や武者人形を飾り粽を食べて祝う（女遊学操鑑）

夏

四月一日●衣更。この日から初漁の鰹は「初松魚」「初鰹」と称され、値段も別格（質屋すずめ）

【江戸の味わい歳時記】

●江戸の暦　江戸時代の暦は月の動きを元にした太陰暦で、夜空の月の形で何日頃かはある程度見当がつく。江戸の春は正月から三月、夏は四月から六月、七月から九月が秋。十月から十二月の師走が冬。太陰暦の示す日からおよそ四十日後が現行の太陽暦のその日にあたる。西行の歌「願はくは　花の下にて春死なむ　そのきさらぎの望月

秋

八月十五日●中秋の名月。月見団子の器に里芋と枝豆を盛り、神酒とすすきを月に供える（永代節用無尽蔵）

九月九日●重陽の節句。平安時代には宮中で菊花の宴を行った。菊酒に栗飯で菊を愛でる夕べ（女遊学操鑑）

冬

十月二十日●夷講。商売繁昌を願って商いの神様夷様を祀り、宴を催す。この頃、新蕎麦が出始める（世志此銭占）

十月亥の日●亥の子餅、玄猪。子が多い亥のように子孫が繁栄することを願ってこの日を祝う。白餅、小豆餅、黒餅を味わう（女遊学操鑑）

のころ」にある花は桜のこと。如月《きさらぎ》（二月）の満月に、花は見頃になるだろう。

●節句　季節の移ろいのなかで、節目を祝う年中行事。一月七日の人日《じんじつ》、三月三日の上巳《じょうみ》、五月五日の端午、七月七日七夕、九月九日重陽《ちょうよう》の五節句。菊酒を味わう重陽の節句以外は今も日付をそのままに受け継がれている。

第四章・養生

医療と薬

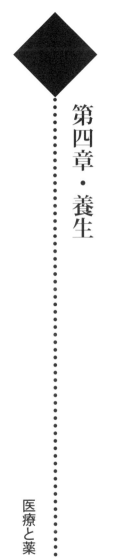

医療

◆医師◆胴人形師◆外科医◆金創医◆伯楽
◆小児医師◆歯医師◆入歯師
◆按摩◆針師

■上野池之端の薬屋「錦袋圓」。遊廓のような店構えが評判になった（江戸名所図会）

薬

薬屋　◆薬種商◆生薬屋

薬売り　◆是斎売り◆枇杷葉湯売り◆艾売り◆膏薬売り

芸で売る　◆香具師◆居合抜◆独楽回し
◆口上商人◆歯磨売り

病には、医者か薬か呪いか。求める者に救いを施す江戸の医療

■薬剤師でもあった医師は、古くは「くすし」と呼んだ。薬師（頭書増補訓蒙図彙）

病《やまい》や怪我に見舞われたら、迷うことなく医療機関に飛び込むのが普通の現代人。そこへ行くと江戸人の振舞いは人それぞれ。喧嘩っ早い江戸っ子が流血騒ぎでも起こせばさすがに医者を呼ぶだろうが、風邪を引いたくらいなら熱いうどんでもすすって、とっとと寝ちまえとなるし、ちょっとした内臓疾患なら、まず売薬に頼るのが当たり前だったようだ。

庶民が皆そうした暮らしの知恵や薬で病に対処したなら、医療に従事する者はあまりいなかったのか。実は医者は大勢いた。

●免許は要らない江戸の医者　職人でも商人でも、親の仕事を継いでいく江戸時代にあって、特に免許も要らなかった医者は、志さえあれば身分を越えて誰でもなれた。体調不良には何でも葛根湯《かっこんとう》を勧める藪医者がはびこっても不思議はない。江戸の後期、文政年間（一八一八〜一八三〇）に出た『江戸今世医家人名録』という本がある。これは江戸市中に在住の二千名に及ぶ医者を名前のいろは順に紹介した医師名簿。本道《ほんどう》（内科）、外科、眼科、針といった専科、所在町名、大名家の御抱《おかかえ》（御殿医）には仕える藩名があり、末尾に氏名が記されている。小児科や外科などを兼ねる者も含めて半数は内科が占めている。御

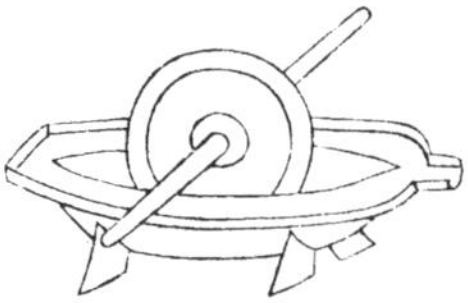

■薬研。医者にも薬屋にも欠かせない製薬の道具が薬研。舟形の底の部分に生薬を入れ、すり潰して粉にする。（頭書増補訓蒙図彙）

抱の記載がない町医者は約半分だが、名簿にはない葛根湯医も加えれば、当時人口百万といわれた江戸御府内に十分過ぎるほどの医者がいたと考えられる。

●町医者の大半は漢方医　当時は脈拍の様子から診断を下す「脈診」が漢方医学の中心。診察の結果、薬を調合し、治療費は「薬礼《やくれい》」、つまり薬代として受取り、問診の費用は掛らない。医の道は脈診と薬の調合。名医の誉れ高い師について日々薬種を挽き、時に先生に代わって代脈をしながら精進するのが医師への道。

●軽い病は売薬で治す　江戸時代には労咳《ろうがい》と呼ばれた肺結核は重篤な病の代表だが、決め手となる特効薬はない。蓄えもないのに医者にかかり、高価な人参を処方されでもしたら、娘を売るような事態も招く。仮に病が癒えたとしても「人参を飲んで首をくくる」という歌留多の文句を地でいくことになりそうだ。

結核のような死につながる病ではなく、頭痛、腹痛など日常生活でしばしば起きる痛みは売薬で済ませるのが常。よく知られている売薬には反魂丹《はんごんたん》、和《わ》中散《ちゅうさん》、実母散《じつぼさん》、奇応丸《きおうがん》などがある。反魂丹は江戸の初期、元禄頃（一六八八～一七〇四）から富山の薬売りが全国に広めたもので、食傷、腹痛などに用いる丸薬。霍乱《かくらん》（日射病）、眩暈《めまい》には夏場だけ売られる粉薬の和中散。婦人薬は実母散、幼児の夜泣きや疳の虫には奇応丸と、いずれも漢方の名薬。

流行病《はやりやまい》、いわゆる疫病が蔓延したら医術も薬も民を救えない。予防には呪《まじな》い、罹患したら神仏に祈るのみ。

医療

病を得れば自宅療養が当たり前の時代、医者は薬箱を携えて往診をし、薬礼をもらう。江戸の医者は薬剤師を兼ねた。日々の体調管理には鍼灸按摩が活躍。

医師

●いし

江戸時代は医者に免許は要らず、医者になるにはそれなりの町医者に弟子入りして薬草のいろはから学ぶのが普通。先生の代わりに往診する『代脈』という古典落語があるが、代脈とは見習い医師のこと。薬を覚え、時には脈を取り、一人前になっていく。

■薬の調合をする医師。後ろにある薬箪笥には、引出ごとに違った生薬が仕舞ってある（狂歌倭人物初編）

胴人形師

●どうにんぎょうし

■胴人形師（人倫訓蒙図彙）

胴人形●人体の循環系の様子が分かるように、東洋医学の考え方の一つ、「経絡」を踏まえて作られた。芝居の小道具にも胴人形はあるが、これは役者の身代わりにする等身大の人形のこと。

医者

金創医

●きんそうい

■左腕に尋常でない怪我をしている患者を診る金創医（人倫訓蒙図彙）

金創（金瘡）とは刀などによる切傷のこと。治療にあたる金創医は物事に動じない気の大きい人がよい。気が小さく怪我人よりも自分が動転してしまう人は金瘡の下級の者といわれると『人倫訓蒙図彙』にはある。

外科医

●げかい

外科医は金創医の流れを汲むもの。戦国時代に戦で受けた刀や槍による傷の手当をしたのが金創医で、泰平の世に戦はないが、喧嘩早い江戸っ子には外科医は心強い存在だったろう。

■傷口の血を拭う外科医（人倫訓蒙図彙）

伯楽

●はくらく

■伯楽（頭書増補訓蒙図彙）

伯楽●伯楽は馬薬師《うまくすし》、あるいは馬医《ばい》とも呼ばれた獣医で、牛馬の病を治す。人相ならぬ馬相見をして馬の良否を見分けるのも仕事。

小児医師《しょうにいし》

言葉が通じにくい小児相手の医師は、色々な医者の中で一番難しいという。『人倫訓蒙図彙』には陰陽を分ち、青、黄、赤、白、黒の五つを考えて薬の処方をする口伝が医家にはあるという。陰陽は漢方医学の基本概念で、青以下五色は顔色に出る臓器異常の傾向のこと。肝臓障害は青く、胃腸は黄色など。

■小児医師（人倫訓蒙図彙）

歯医師《はいし》

年の初めに「歯固め」の祝いをするが、これは歯を養い長生きを寿ぐことだと『人倫訓蒙図彙』にある。大根や栗、鯣などの固いものを食べて一年の息災を祈る。江戸時代の歯医者は虫歯治療、抜歯を行い、入歯は専門の入歯師がいたが、下図のちらしにあるように手広く商売をする医者もいた。

■歯医師（人倫訓蒙図彙）

入歯師《いればし》

■入歯を作り、抜歯をする歯医者のかたわら歯磨き粉も売る（紫草江戸商標集）

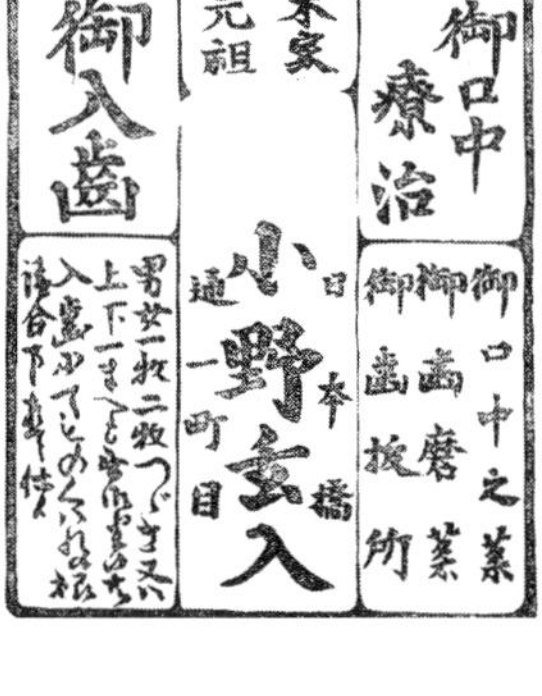

入歯●徳川家康が入歯をしていたのはよく知られたことだが、当時は柘植の木を彫って台にしたという。口中の違和感は相当なものに違いないが、噛む力は優秀だったようだ。

按摩

針師 ●はりし

つぼに針を刺し、針療治をするのが針師、鍼師。『人倫訓蒙図彙』には打針、捻針、管針と色々な流儀があるとしている。打針、捻針は痛みを軽減する打ち方の工夫。管針は針を管に入れ、管から出ている針の頭を指先でたたいて刺す画期的な方法。

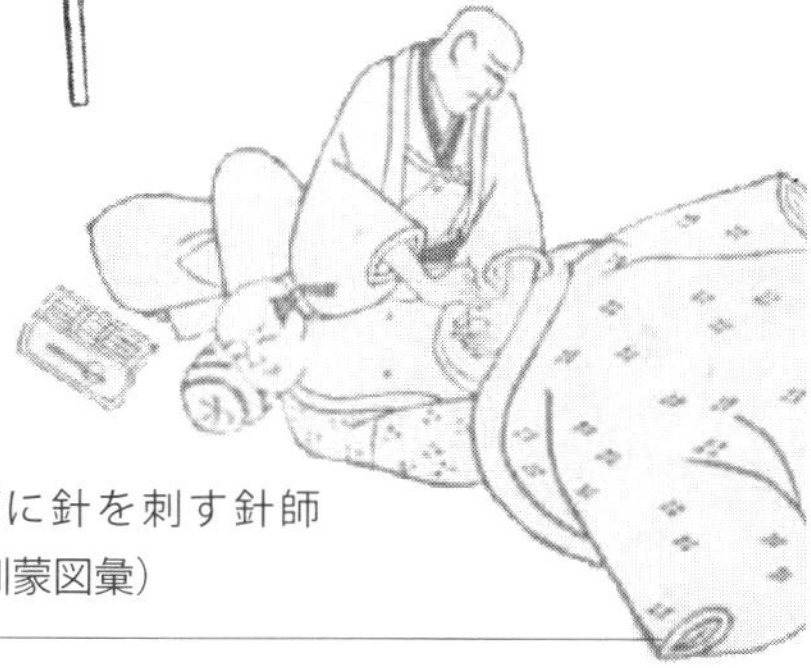

■つぼに針を刺す針師（人倫訓蒙図彙）

按摩 ●あんま

患部を揉んだりさすったりして治療をする。商売のやり方は得意先だけに行く者、「ふり」といって得意先は決めずに町を流す者、自宅で行う者などがある。

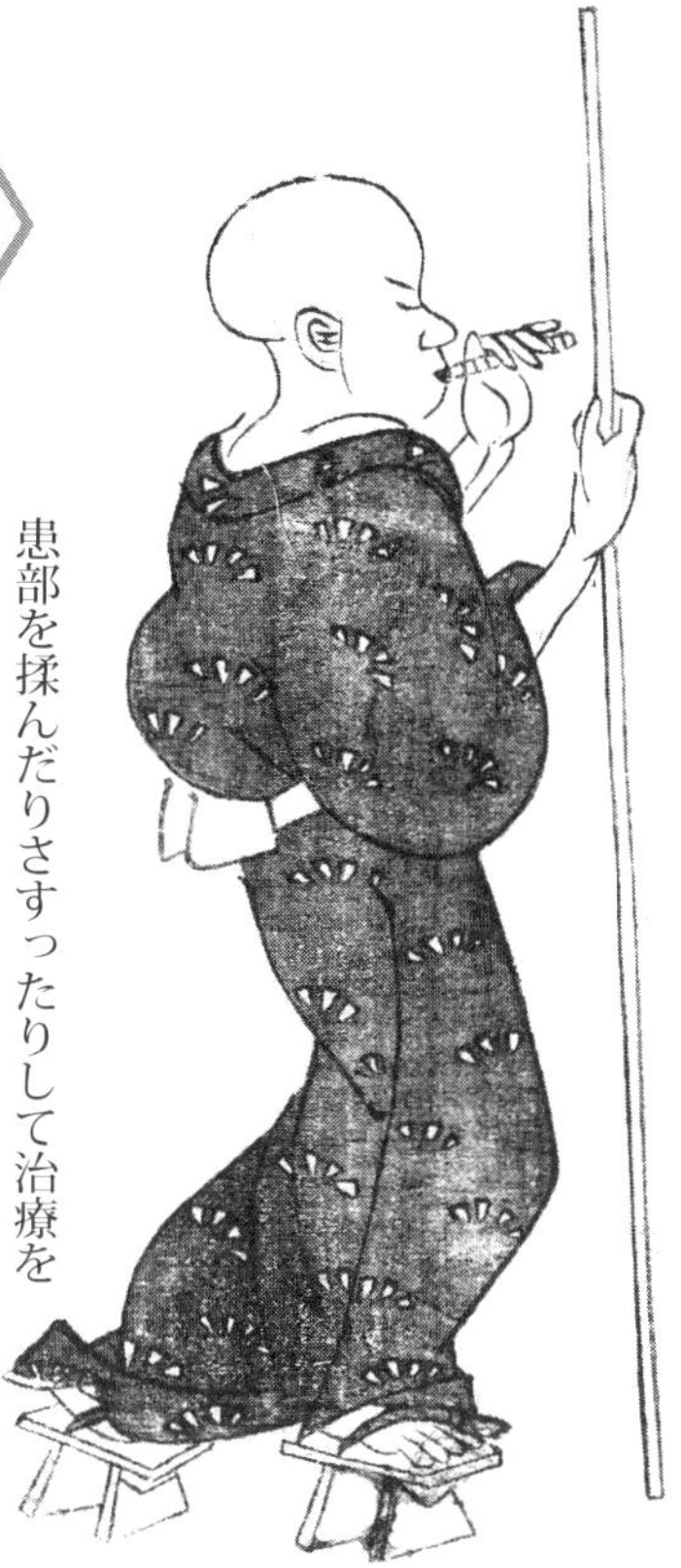

■笛を吹きながら町を流す、ふりの按摩（今様職人尽歌合）

揉み療治●自宅で施術をする按摩を江戸で足力という。杖で己の体を支え、足で踏むようにして腰の治療をする。京坂では足は使わない。

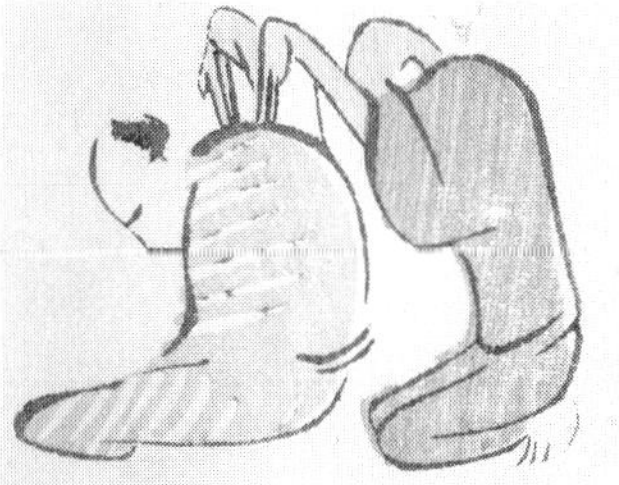

■按摩は各地の盲人が主にするが、目明きも行う（諸職人物画譜）

薬

〇〇丸、△△膏と売物を大書した看板を掲げた店が広まったのが江戸時代。こうした店売りだけでなく、昔からある行商や大道の薬商いも大繁盛！

薬種商

●やくしゅしょう

薬種は漢方薬を作る原材料のこと。『人倫訓蒙図彙』には薬種屋の項に一切草木鳥獣にいたるまで、薬種は唐土から渡ってくる。その外、我が国の薬種も数多く蓄えてこれを売るとしている。薬の数は本草綱目に一千八百九十二種あるとも書かれている。ちなみに『本草綱目』は中国の明の時代に刊行された動植物に関する百科事典のようなもので、江戸時代の初期に伝来。

■薬を刻む薬種屋
（人倫訓蒙図彙）

薬屋

■薬種商。店先の置看板にある「地黄丸」は地黄の他数種の薬種を調合して作る増血強壮剤のひとつ。店内で調剤のあと袋に詰めて売る（絵本士農工商）

生薬屋

●きぐすりや

生薬屋（木薬屋）は、漢方の生薬を調剤して売る薬屋のこと。徳川家康が名を付けたという「和中散」を始め、街道筋の宿場には古くから伝わる売薬の店がある。また、三都いずれも盛況のようで、『江戸買物独案内』には市中の店が二百六十軒載っている。

■薬研で薬種を挽く生薬屋。円盤のような磨具に通した軸を両手で前後に動かしながらすり潰していく。添えた狂歌には「精だせば効きめの見ゆるくすりみせ、金も命ものばすあきない」とある（宝船桂帆柱）

置看板●様々な商売の中でも薬屋の看板は格別立派に作る。置看板は店の正面に据える衝立のような看板で、店の主力商品名などを大きく書く。上図には「地黄丸」とある。

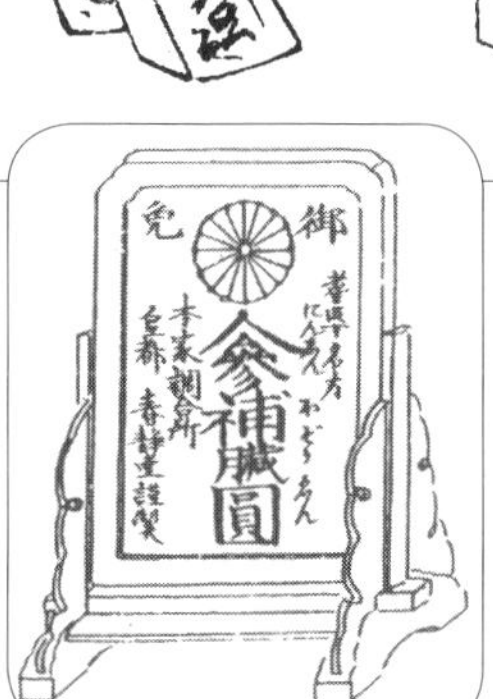

■十六弁の菊紋を付けている薬種商の置看板。御所の紋を使って宮家の御用達であると見せている（守貞謾稿）

是斎売り

●ぜさいうり

暑さに負けないための粉薬、和中散を売る。『守貞謾稿』によれば東海道草津宿の東にこの薬の店が数軒あり、その中の一軒が本家是斎。その他の店も定斎など似た名を名乗る。和中散を作る家は大坂では天下茶屋、江戸は大森に三軒ある。

■手前が大坂の是斎売り。奥は暑くても被り物をしない江戸の定斎売り（守貞謾稿）

枇杷葉湯売り

●びわようとううり

夏の暑気払いに薬として好まれたのが、乾燥した枇杷の葉を煎じて飲む枇杷葉湯。京都烏丸の薬店を元祖として、三都ともこの店の名を称して売り歩く。京坂は担いで売り歩き、江戸では橋の上などに担い箱を置いて売っている。大坂には売り出す本舗が天満にあり、売り歩く言葉は「御存知本家天満難波橋朝田枇杷葉湯云々」。

■枇杷葉湯売り（守貞謾稿）

和中散●枇杷葉、桂枝、甘草などの生薬を調剤した漢方薬で、食中り、暑気あたりに服用された。家康の腹痛を治し、腹中を和らげる薬という意味で「和中散」と命名されたという。

■艾売り（守貞謾稿）

艾売り

●もぐさうり

近江国伊吹山は灸に使う艾の名産地。この地方の柏原には艾の店が多く、中でも亀屋左京はごく古く、伊吹艾を天下に広めた店。そんなところから、艾売りは旅人の格好をして「江州伊吹山の麓、柏原本家亀屋左京薬艾はよう」という。

■露店で商う膏薬売り（今様職人尽歌合）

膏薬売り

●こうやくうり

膏薬は打ち身やあかぎれなどにつける練り薬のこと。膏薬入れには蛤の貝殻がよく使われていたようで、使う時は紙や布に塗って患部に貼った。下図のように莚に薬を並べて売る天道干しもいれば、荷を担いで売り歩く者もいる。休憩所を兼ねていた湯屋の二階でも膏薬を売った。

■左が荷商いの膏薬売（絵本士農工商）

艾●「よもぎ」は香りの高い草で、雛祭りに供える草餅は葉を茹でて餅に搗き込む。この葉を乾燥させて綿状にしたものがお灸に使う「もぐさ」。

■艾は近江と美濃にまたがる伊吹山の名物。この地で艾を作って諸国に出していた（商売往来絵字引）

芸で売る

香具師《やし》

香具師は祭や縁日に出没し、見世物で人目を引いて物を売る露天商をいうが、本来は「野士」の文字をあてて、文字通り野武士などが飢えを凌ぐために薬を売ったのが初めだという。『守貞謾稿』には「十三種の名目でたいがいは売薬、香具を売る。歯磨は歯の薬。紅は唇の薬。白粉は顔の薬。艾は道中や通行中の急病用に売る」とある。

居合抜《いあいぬき》

■人集めの見世物の一つ、居合抜。三方などを積み重ね、その上に立って居合抜の真似事をして歯磨粉などを売る。中には歯の治療や入歯をする者もいた（今様職人尽歌合）

独楽回し《こままわし》

■江戸中期の香具師、松井源水は有名な独楽回し。浅草奥山の盛り場で独楽を回して人を集め、歯磨粉や越中富山の売薬反魂丹などの薬を売った（今様職人尽歌合）

口上商人

●こうじょうしょうにん

口上を述べつつ物を売る口上商人。『人倫訓蒙図彙』には、万の合わせ薬、鬢付油の類を各地の市や開帳など人の集まる所に出て、弁舌でこれらの品を売る。あるいは神の誓い述べたり、蛇を見せたり、操り人形を出し、物真似をして人を集めて商いをする面の皮だけの商売だとある。

■貝殻に膏薬を詰めて売る口上商人（人倫訓蒙図彙）

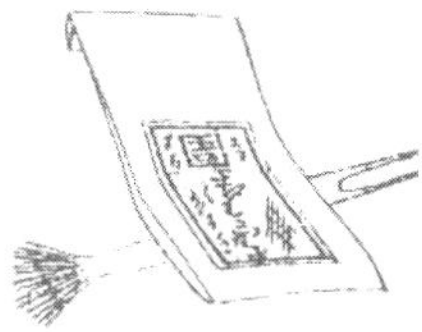

■歯磨と房楊枝（早引漫画）

歯磨売り

●はみがきうり

歯磨は大道芸で人を寄せて物を売る香具師の主力商品だが、三都ともに小間物売りも持って売り歩く。江戸では歯磨専門の売り手もいる。

■歯磨売りの荷（守貞謾稿）

■蝦蟇（戯場訓蒙図彙）

蝦蟇の油売り●口上の面白さで群を抜くのが蝦蟇の油売り。抜刀して腕に傷を付け、血止めの効果を謳い上げるその口上はよく練られている。「さてこの油を採るのには、四方に鏡、下に金網を張って蝦蟇を追い込む。さすれば蝦蟇、鏡に映る己が姿に己が驚き、たらりたらりと脂汗。網の下から抜き取って、三七二十一日の間、柳の小枝でかき回し、とろりとろりと煮詰めたるが蝦蟇の油……」

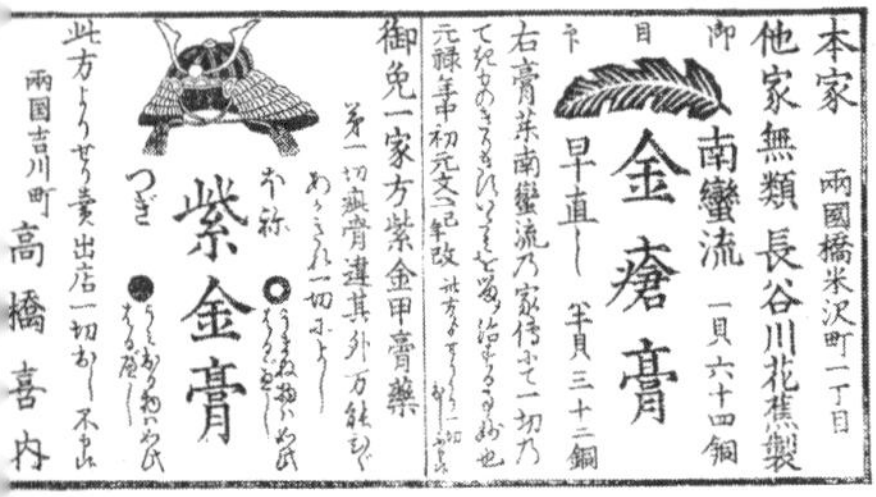

■金瘡膏、紫金膏。切り傷あかぎれに塗る軟膏

■江戸幕府開府以来の売薬、目薬の五霊香

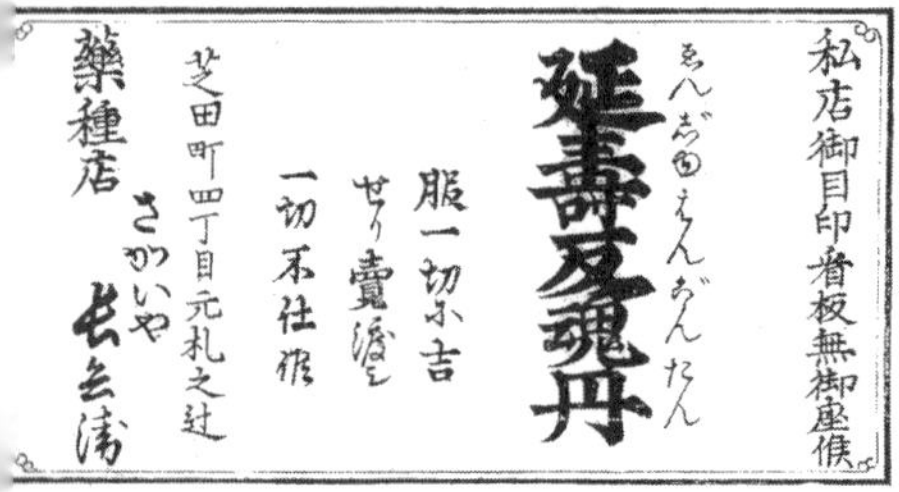

■反魂丹は越中富山の配置薬。江戸では店売りも

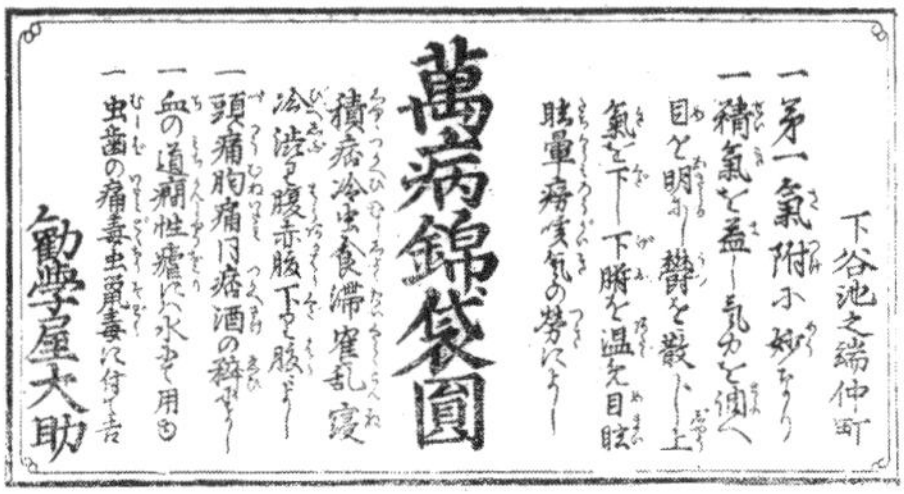

■錦袋圓。不忍池近くの名物生薬屋が販売

■精力増強薬の地黄丸。六味は六種の薬種を使用

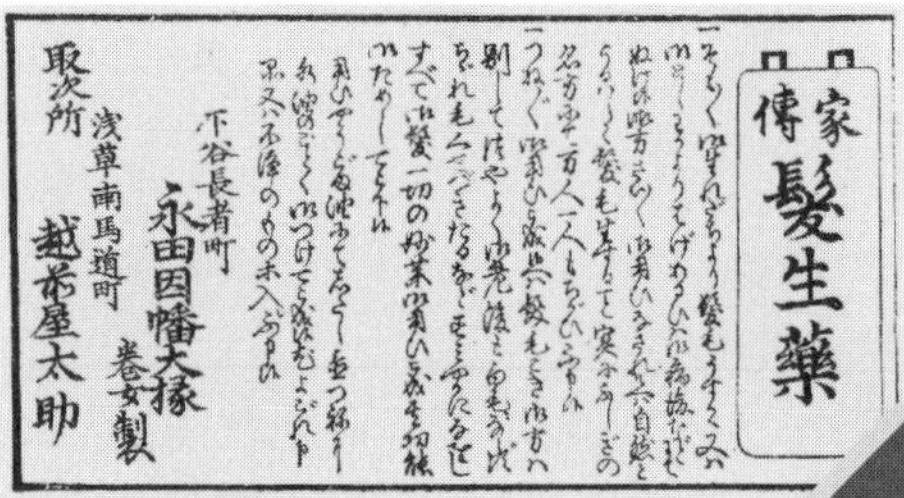

■家伝髪生薬。育毛剤は人気商品のようだ

【ピンからキリの江戸の売薬】

文政年間（一八一八～三〇）に出版された『江戸買物独案内《えどかいものひとりあんない》』には江戸市中の様々な店が業種別に分類されて、いろは順に載っている。薬の「く」の頁は膨大で、薬種商や生薬屋が三百余軒にのぼる。

薬種商は日本橋本町、伝馬町に集まるお上から認められた同業者組合

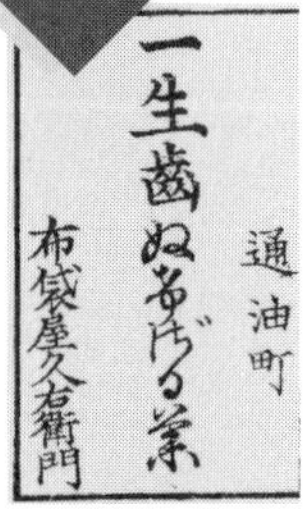

■一生歯が抜けない薬とはいかなるものか

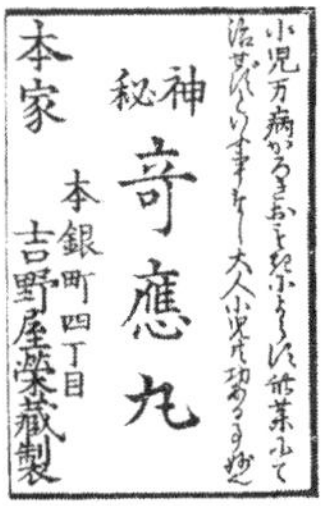

■救命丸とともに今に続く伝統の小児薬、奇応丸

江戸の豆知識

?

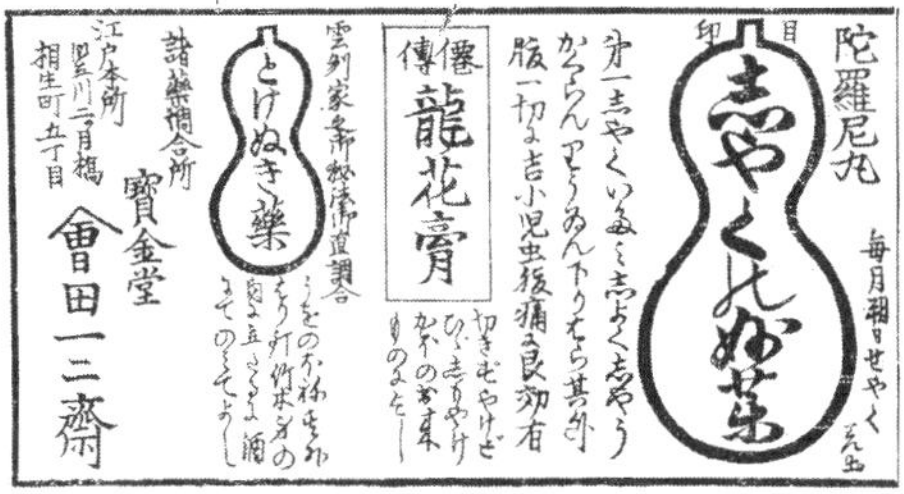

■癪の妙薬陀羅尼丸。癪は胸、腹の激痛をいう

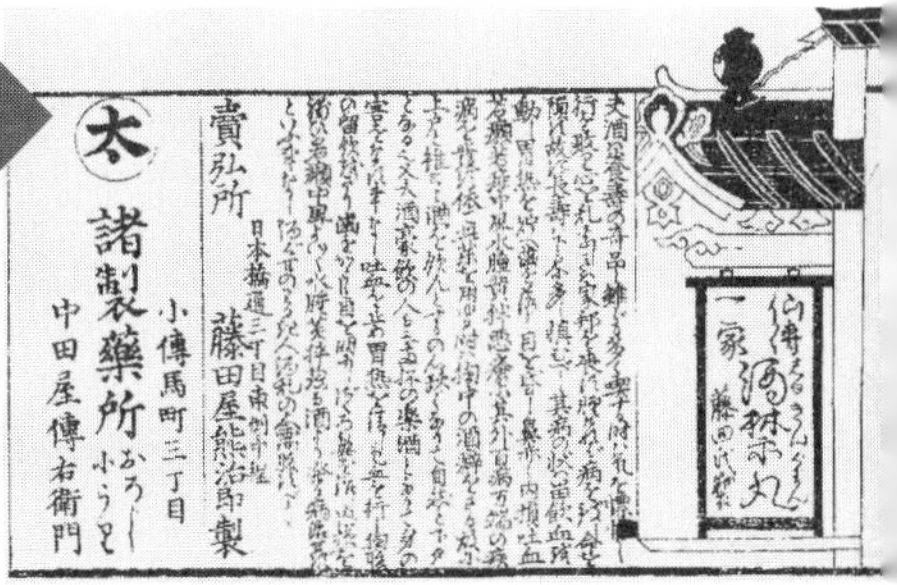

■酒禁丸。宣伝文句は飲めば自然に下戸となる

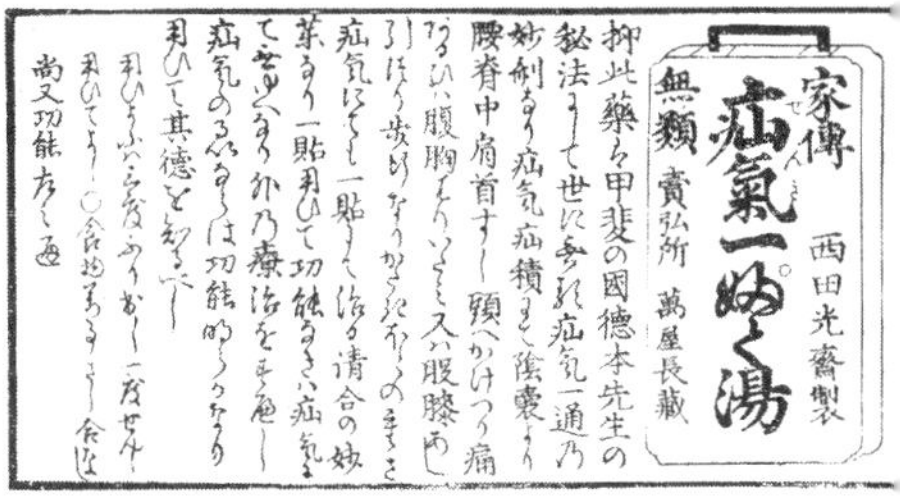

■疝気一ぷく湯。疝気は下腹部の痛みのこと

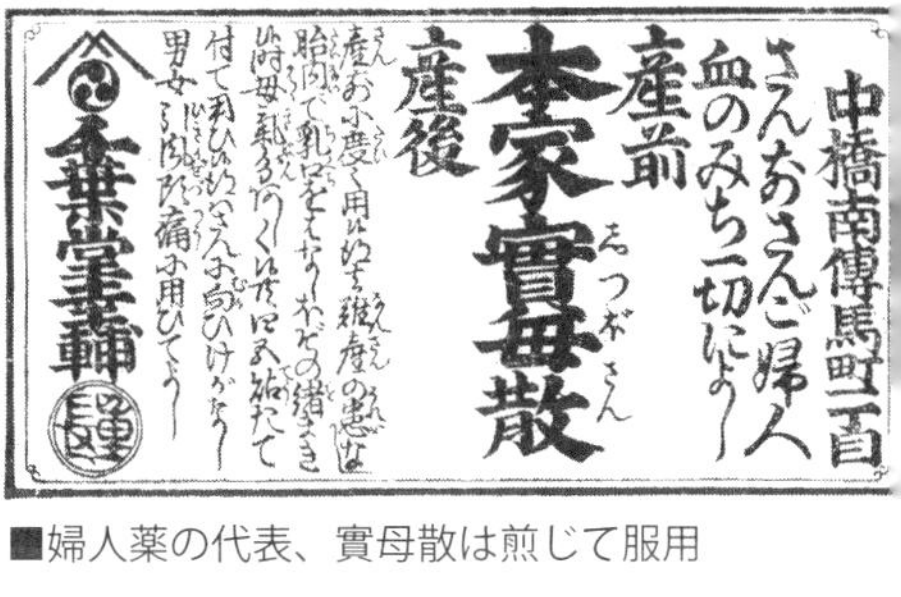

■婦人薬の代表、實母散は煎じて服用

■売薬の色々。散薬と粉薬はほぼ同義だが、図の説明では散薬はちらし薬だとある。痛みを散らし、和らげる薬（商売往来絵字引）

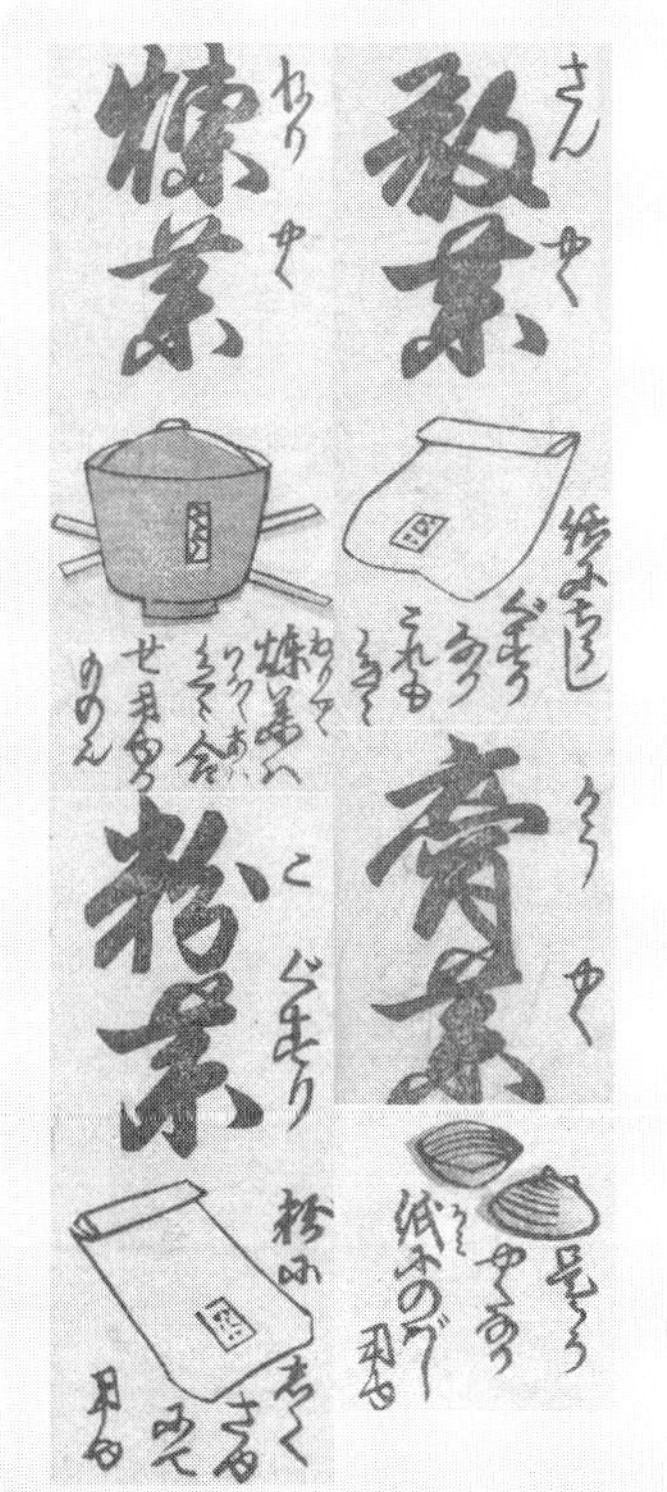

＊図はすべて『江戸買物独案内』所載

に属し、輸入物や国産の薬種を扱う。

同書に生薬屋は約二百五十軒登場するが、扱うものは玉石混淆。落語に出て来る疝気《せんき》や癪《しゃく》は胸や腹を襲う急な痛みだが、こうした持病のようなものに利く薬、あるいは子供の夜泣き疳の虫などの薬は効果があったのだろう。法的な縛りがないとはいえ、なかには一生歯が抜けないという怪しいものも掲載されている。

第五章・祈り

神と仏に祈る

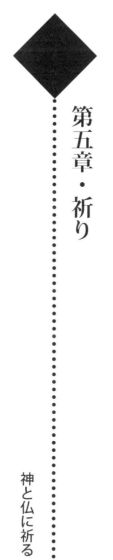

仏門	◆僧◆尼◆薦僧
仏具	◆仏具師◆仏具屋◆仏師◆錺師◆数珠師 ◆造花師◆額彫◆鐘木師◆木彫師
仏事	◆龕師◆放鳥売り◆早桶屋◆位牌師

仏

■江戸の惣鎮守、神田明神秋の例祭（江戸名所図会）

神

神職　◆神主◆神子◆鈴張

勧進　◆神道者◆鹿島事触

◆庚申の代待◆厄払い

祈り　◆絵馬師◆絵馬売り

◆達磨造◆宝舟売り

江戸時代は、生きていくのに必要だった神と仏の世界

■鐘木で鐘を叩いて念仏を唱える（早引漫画）

葬式、法事に墓参りと仏事にしか用はない現代人とは異なり、江戸時代に寺は人の暮らしに深く関わっていた。また、医療環境が良いとはいえない当時、すがるのは神頼み。自然災害、飢饉、飢餓。人の力では何ともし難い出来事がしばしば出来する。何事においても自力で乗り切るのが当たり前で、迷う輩は置いていかれる当今の常識からは想像しにくいことも行われていたようだ。

商売繁昌、立身出世、諸事必勝祈願。何はともあれ、明るい未来に向けての祈りは今も昔も変わらない。人の願い、祈りを受け止め、幸せに日々が送れるように寄り添う、神仏に仕える宗教者とその周辺の事情はどんなものか、少し触れてみたい。

●坊主は大家で檀家は店子？　人にとって生を受けて死ぬまで、何かと世話になる檀那寺《だんなでら》、菩提寺は長屋の大家と店子のように縁が深い。時によろずの相談を聞き、住人の身元を保証する大家さん。寺も檀家を保証するのが寺請制度《てらうけせいど》と呼ばれるもので、お上の禁ずる切支丹ではないと請負う「寺請証文」を発行。これは旅に出るにも婚姻にも必要な身分証明の役割をするもので、戸籍に近い。民のすべてを掌握したい為政者の目論みなわけだが、当時の人びとには現実に

■菅笠を被り、鉦鼓を首にかけて門付をする歌念仏（人倫訓蒙図彙）

■馬の絵は絵馬本来の姿（永代節用無尽蔵）

接する檀那寺の僧には親しみを持っていたに違いない。

●勧進は聖なる俗人　「歌舞伎十八番」で知られる『勧進帳』。山伏姿の弁慶が巻物を手にして、消失した東大寺の再建のために云々と読み上げる。巻物、つまり勧進帳は寺社の建立や修繕のための費用を募る旨を記したもので、勧進相撲や勧進能は同様の趣旨で行う芸能。

　勧進は宗教者の真っ当な行いだが、時代が下ると姿もやり口も真似た物乞いや、大道芸人に近い者も出て来る。念仏に節をつけて歌うその名も「歌念仏」について、『人倫訓蒙図彙』の筆者は方便と断じ、唱歌を作り、鉦に合せて囃すなど嘆かわしいことだといっている。こうした広い意味での遊行の人びとは江戸の自由人といえそうだ。

●絵馬を納めて諸願成就　怪しい似非坊主の念仏にも幾ばくかの施しをする江戸時代人は信心が深く、様々な願いを絵馬に託して神仏に祈った。入学祈願に殺到する今と違って、当時は絵馬の奉納は日常的。乳が出ない人は乳が出るように無花果《いちじく》と授乳の絵馬を、賭事を断ちたい人は賭け道具に鍵を掛けた絵馬を奉納する。北前船が行き来した日本海側の神社には航海の安全を祈る船絵馬が多数残っている。これらは大坂の船主が専門の絵馬師に作らせたものが多い。出来合の絵馬を売る商人から買う人もいれば自分でも描く。生きる上で自力では何ともし難い事はいくらでもある。今も昔も、困ったときは神頼みに尽きる。

仏

信心の深さに関係なく、江戸時代は皆どこかの寺の檀家だった。葬儀ばかりか婚姻や旅行にも檀那寺からの証文が要った。庶民と深く関わった僧と寺と仏具とは。

僧

●そう

僧は剃髪して仏門に入り、仏陀の教えに従う者のことで、俗世を離れた世捨て人。比丘、沙門ともいう。僧正、僧都、上人、和尚、長老などという呼称は、僧侶の役目、階級といえる。

■僧と尼。僧には世捨て人と振仮名がある（頭書増補訓蒙図彙）

尼

●あま

尼は女性の僧侶のことで比丘《びく》尼《に》ともいう。『頭書増補訓蒙図彙』には、仏の四部の弟子なりとある。四部の弟子は「四部衆」という四種類の仏弟子のことで、出家の比丘、比丘尼、在家の優婆塞《うばそく》、優婆夷《うばい》をいう。

■江戸の庶民にとって随一の祈りの場、金龍山浅草寺は大化元年（645）開山の古刹。参詣すると四万六千日分の御利益がある7月10日の四万六千日詣は、縁日の中でも特に賑わった（江戸名所図会）

■尺八を吹きながら諸国を修行して歩く薦僧。首に下げた頭陀袋には施米やお布施を入れる（頭書増補訓蒙図彙）

薦僧

●こもそう

薦僧は禅宗の一派、普化禅師を祖とする普化宗の僧、虚無僧。梵論字とも「ぼろぼろ」ともいう托鉢修行の僧で、出立ちが特異。天蓋と呼ばれる深編笠を被り、袈裟もしくは頭陀袋を首から掛け、尺八を吹く。

■仏具屋（宝船桂帆柱）

仏具屋

●ぶつぐや

仏具屋は仏具師の手掛ける金物の仏具を始め、仏壇や経机なども売る。図に添えた狂歌には「御仏のひかりは金の威光にてゆたかに見ゆる舗の荘厳」とある。

仏具師

●ぶつぐし

仏具は仏の供養に用いる道具のこと。鋳物の技で仏具を作るのが仏具師の仕事。『人倫訓蒙図彙』には唐金（青銅）を以て仏前の三具足《みつぐそく》、金仏、薬鍋等を造るとある。三具足は仏前に供える華瓶、香炉、燭台。薬鍋は名の通り薬を煎じる鍋。

■燭台や香炉など、一切の仏具を作る仏具師（人倫訓蒙図彙）

■仏具の基本三具足。左から花瓶（女用訓蒙図彙）、香炉、燭台（頭書増補訓蒙図彙）

■精出して御仏を作る仏師（宝船桂帆柱）

■注文主と思しき僧に仕上がりを見せる仏師（人倫訓蒙図彙）

仏師
●ぶっし

仏師とは仏像を作る人。『人倫訓蒙図彙』には聖徳太子の御時、大唐から止利仏師という細工人が来て太子に仕え、作ったのが日本における仏像作りの始めだとあり、次いで平安時代の定朝、鎌倉期の運慶、湛慶、快慶の名を挙げている。平安鎌倉期の仏師の身分は皆僧侶だが、室町以降江戸に至るまで仏師はほとんどが俗人。ただし、江戸時代の二大仏師、木喰と円空はともに遊行の僧。

錺師
●かざりし

金銀銅真鍮などの金属を細工して錺金具を作る。『人倫訓蒙図彙』には一切の仏具並びに障子の引手、硯の水入(水滴)、諸々の金物をなし、絵様を彫るのを錺師というとある。

■地金を金鎚で叩いて形を整える錺師（人倫訓蒙図彙）

仏具

造花師

●つくりばなし

糸や紙で花を作るのが造花師。図は仏前に供える仏花を作る様子が描かれているが、造花の用途は広い。笠の飾りにしたり、祭の時に繰り出す駕籠の屋根を葺いたりする。これは花駕籠といい、綺麗に化粧をした男児女児を乗せる。

■造花師（人倫訓蒙図彙）

■造花屋（宝船桂帆柱）

数珠師

●じゅずし

数珠は元々南無阿弥陀仏などの仏号を唱える時、手に持ち一珠ずつ繰って念ずる回数を記す道具。珠の数は百八が基本。これは煩悩の数を表すという。

■念珠引きとも呼ばれる数珠師（人倫訓蒙図彙）

額彫

●がくほり

比叡山、高野山、金龍山といった具合に、寺には皆「山号」がある。大きくその名が描かれた「扁額」を山門の中央に掲げている寺は多い。この額を彫るのが額彫。

■額彫（人倫訓蒙図彙）

鐘木師

●しゅもくし

鐘木は鐘や敲鉦を打ち鳴らす仏具で、図のように丁字型をしている。敲鉦は座元に据えるが、遊行僧や門付芸人などは首から下げて念仏を唱えた。上図左は木槌で板木を打つ様子。鯛焼きのような板木は魚板《ぎょばん》といって、禅寺で用いる合図のための仏具。

■叩いているのは木製の「魚板」で、木魚の仲間（絵本庭訓往来）

■鐘木師（人倫訓蒙図彙）

木彫師

●きぼりし

三重塔、五重塔などの仏塔や厨子、その外様々の飾りに木彫を施す匠が木彫師。寺院内で合図に打ち鳴らす板木、魚板も彫る。戦国から江戸初期に活躍したという飛騨の匠、左甚五郎は大名人。

■欄間を彫る木彫師（人倫訓蒙図彙）

左甚五郎●江戸時代初期の名工、左甚五郎は一説によれば播州明石に生まれ、幼少の頃に飛騨高山で暮らした後京に上り、御所や寺社建築に携わる。その後江戸に出て幕府の堂営大工棟梁として名を上げたという。日光東照宮の「眠り猫」は甚五郎の作と伝わる。

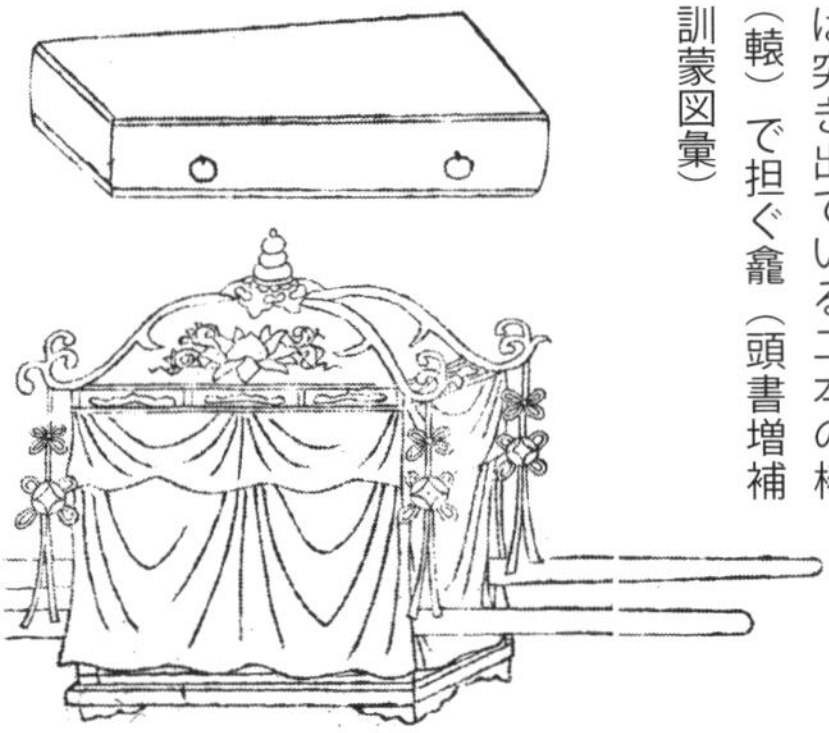

■上は遺体を納める棺、下は突き出ている二本の棒（轅）で担ぐ龕（頭書増補訓蒙図彙）

龕師

●がんし

龕とは遺体を運ぶ喪車のことで、身分の高い人に用いるもの。車とはいえ車輪で動くのではなく、図のように屋形の下に渡した轅《ながえ》（長い棒）で担ぐ乗物、「輿」の一種。この輿を作るのが龕師。

■龕師（人倫訓蒙図彙）

仏事

放鳥売り

●ほうちょううり

葬儀の際に死者を供養するために鳥を買って逃がしてやるのが放鳥。仏教の戒律では第一に殺生、つまり生き物を殺すことを戒めている。この思想に基づいて行われる放生会《ほうじょうえ》でも功徳のために鳥や魚を放つ。

■放鳥売り（今様職人尽歌合）

早桶屋

●はやおけや

早桶とは棺桶のことで、死後手早く作ることからこう呼ばれる。江戸時代は一般に棺は桶型の座棺で、依頼を受けて即仕上げる。死者を納めたこの桶を近親者が差し担いで寺まで行き、土葬をするのが江戸の庶民の葬儀。

■二人掛かりで担がれる早桶（春柳錦花皿美少年始）

■早桶（曙草紙）

位牌師

●いはいし

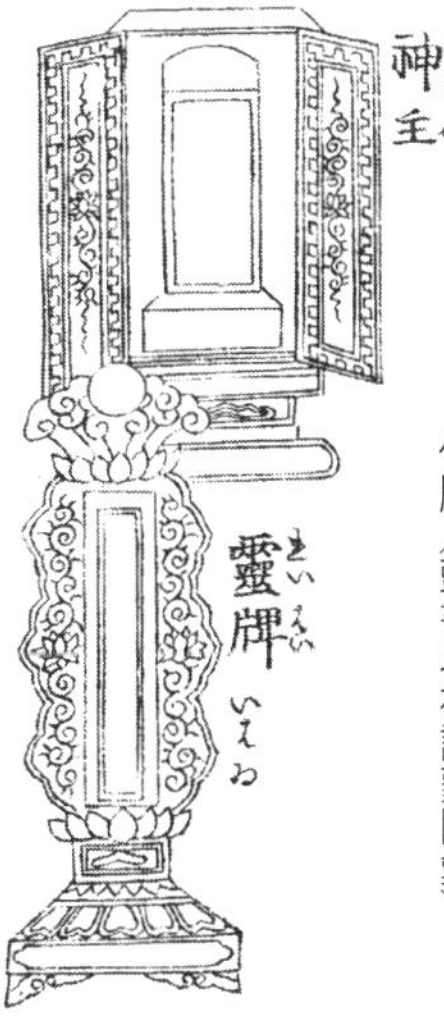

■上は儒者の位牌、神主。死者の官位姓名を書いたところから「位牌」という。下は仏教徒の位牌（頭書増補訓蒙図彙）

位牌●『頭書増補訓蒙図彙』には仏教信者の位牌を霊牌、儒者の位牌を神主《しんしゅ》というとあり図を載せている。死者の戒名を記した小さな仏具、位牌を仏壇に安置して盆や命日に供養する習慣は江戸時代から広まったという。

神

商売繁昌、学問成就に病の平癒。今も昔も、願いを抱いて御利益のある社に御参りをする。神様と人の仲立ちをする神職と祈りにまつわる生業を見ていく。

神職

神主

●かんぬし

■神事のすべてを司る神主
（狂歌倭人物初編）

『頭書増補訓蒙図彙』には神に仕える「祝《はふり》」を、祭に賛詞を司る者だとし、神前で祝詞をあげる神主のことであり、神職とも禰宜《ねぎ》ともいうとある。かつては神職の長を神主、次いで禰宜、祝と格の上下、あるいは職域の違いなどで呼称は異なっていたが、同書が刊行された江戸後期には同義だったようだ。

神子

●かみこ

神子は神に仕える女性、巫女のこと。図のように手に鈴を持ち、神楽を舞って神を喜ばせる人。祝と同様禰宜より格下の神職とされる。

■柄の先にたくさんの鈴を付けた神楽鈴を右手に舞う神子
（狂歌倭人物初編）

鈴張

●すずはり

■平将門を祀る江戸の総鎮守、神田明神。江戸時代には将軍家の産土神、山王社とともに天下祭の華麗さを競った（木曾路名所図会）

鈴●参拝の時に鳴らす拝殿前の鈴、舞の奉納に巫女が使う神楽鈴、お守りに付けられる小さな鈴。いずれも神社で出合う鈴だが、鷹鈴というのもあり、これは狩りの時に鷹の足に付けるもので、これ専門の鷹の鈴師が京都に一家あったという。

■色々な鈴を作る鈴張（人倫訓蒙図彙）

勧進

神道者

●しんとうしゃ

本来神に仕える者を神道者というが、神職の格好で家々を回り、お祓いやお札配りをして施しを受ける者もそう呼ばれた。図には神道者とあるのだが、実態は「わいわい天王」のようだ。「わいわい天王騒ぐがお好き」と繰り返して路上を行くのを子供が後から追うと、疫病を鎮める五頭《ごず》天王の札を撒き、あとで各家から一文ずつもらうもの。

■猿田彦のお面を被り、古い黒紋付の羽織袴を着て疫病除けのお札を撒く神道者（今様職人尽歌合）

■こちらは神職。神に仕える本物の「神道者」（人倫訓蒙図彙）

鹿島事触

●かしまのことぶれ

■幣帛を担ぎ、烏帽子を被り、狩衣（公家武家の礼服）を着て諸国を回る事触（人倫訓蒙図彙）

■「鹿島の神のご託宣でおじゃりやす」と宣う鹿島事触（今様職人尽歌合）

鹿島事触とは、常陸国の一宮鹿島明神の神託を諸国に触れ歩く者をいう。毎年春にその年の吉凶や人間の身の上、五穀の善悪などの神のお告げを携えて遠い都にまで行く。

庚申の代待

●こうしんのだいまち

■庚申前の二、三日だけ来る庚申の代待（人倫訓蒙図彙）

暦の上で庚申（かのえさる）は特別な日。人間の体内にいる三尸《さんし》という虫が庚申の夜に天に昇り、その人の貪欲な行為を天帝に告げるという。この日には男女の交わりはしないことはもちろん、虫が天に昇らないように夜通し賑やかにして夜明けを待つ。大坂には代理として庚申待をする代待がいた。

厄払い

●やくはらい

厄払いは節分の夜に市中を歩き、門口で払いの文言を唱える。払いを望む者は煎大豆に銭を添えて渡す。京坂の厄払いは「厄払いましょう」、江戸は「御厄」と切り出して幸を呼ぶ言葉を続ける。

■厄払い。江戸では節分の他に大晦日、正月六日、十四日の夜にもやって来る（人倫訓蒙図彙）

厄払い口上●ああらめでたいなめでたいな、だんな住吉御参詣、反り橋から西をながむれば、七福神の船遊び、中にも戎という人は命長柄の竿を持ち、めぎすおぎすの糸を付け、金と銀との針をたれ、釣りたる鯛が姫小鯛、かほどめでたき折からに、いかなる悪魔きたるとも、この厄払いがひっとらえ、西の海とは思えども、ちくらが沖へさらり云々。

絵馬師
●えまし

■馬や歌仙図の絵馬を手掛ける絵馬師（人倫訓蒙図彙）

諸願成就のため寺社に納める絵馬は、古は馬を描いたゆえにゑんま（絵馬）といったが、今世は物数寄に色々こしらえて商うと『人倫訓蒙図彙』にある。由来をひもとくと、かつては神に願い事をして叶った時に馬を奉納。高額な生き馬に代えて木彫り、さらに板に馬の絵を描いて奉納するようになったとか。江戸期には専門の絵馬師が活躍した。

絵馬売り
●えまうり

初詣や初午、祭礼の日など、寺社に人が集まる時期には絵馬の行商が出る。酒断ち、博打断ち、眼病平癒、干支にちなんだ絵馬など絵柄は様々。また、竈《かまど》の神様荒神《こうじん》には松を供えるが、その荒神松売りが鶏の絵馬も持ち歩く。供えると油虫が出ないとの言い伝えがあるからだ。

■浅草寺に奉納された大絵馬。夜毎馬は額を抜け出して境内の草を食んだという伝説がある（江戸名所図会）

■台所の油虫除けになるという鶏の絵馬（早引漫画）

■小絵馬を商う絵馬売り（画本早引）

宝舟●帆に大きく宝と書いた舟に七福神が乗り、丁字、打出の小槌、分銅、隠れ傘などの宝尽くしが積まれる様を描くのが一般的。余白には上から読んでも下から読んでも同じに読める回文の歌を添える。なかきよのとおのねふりのみなめさめなみのりふねのおとのよきかな（長き夜の遠の眠りの皆目覚め波乗り船の音の良きかな）。

祈り

■達磨大師（萬物雛形画譜）

■達磨造（今様職人尽歌合）

達磨造

●だるまづくり

達磨は禅宗の始祖達磨の座禅姿を模した張子の人形。起上り小法師は七福神などもあるが、昔から達磨が多い。江戸時代には子供が疱瘡にかかると赤い着物を着せ、真っ赤な達磨を側に置いて回復を祈った。これは疱瘡を司る疱瘡神が赤い色を嫌うと信じられていたからだ。

■暦や芝居番附も売る宝舟売り（守貞謾稿）

宝舟売り

●たからぶねうり

宝舟は枕の下に置いて寝ると良い夢を見るという縁起物。宝舟売りは紙に刷った宝舟と双六を正月二日の宵に売り歩く。皆初夢に大吉の夢とされる「一富士二鷹三なすび」が出ますようにと祈って買い求める。

■七福神の宝舟。帆には宝の代わりに悪い夢を食べるという貘の文字も書く（守貞謾稿）

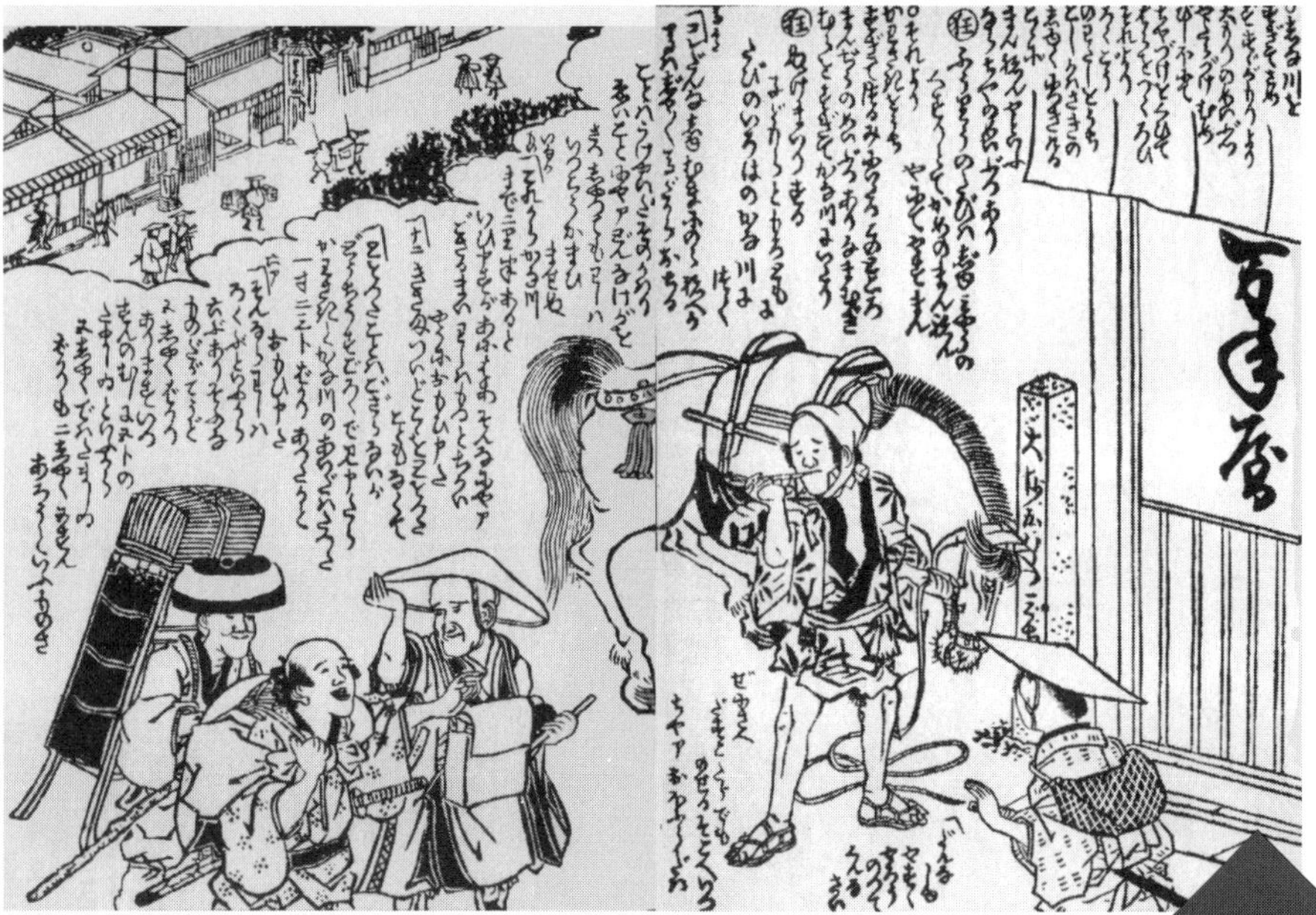

■東海道川崎宿に着いた三人、左端が六部。万年屋は奈良茶飯で人気の店（金草鞋）

江戸の豆知識

■仏像の入った厨子を背負い、全国六十六州を経巡る六十六部（諸職画鏡）

【諸国を回る祈りの旅】

●諸国巡礼の旅　回国とも略して六部ともいわれる六十六部。元来書き写した法華経を納めて回った修行者で、独特の笠を被って全国の六十六霊場を巡拝。西国巡礼は畿内の観音霊場三十三カ寺、関東は坂東、秩父の霊場を巡る。庶民の巡礼は今も盛んなお遍路。阿波、讃岐、伊予、土佐四国八十八ヵ所の弘法大師ゆかりの寺にお参りする。四国八十八ヵ所や西国、坂東、秩父などの三十三ヵ所は巡る場所ばかりでなく順番も決まっているが、六部は特に定めはない。

●娯楽を兼ねた祈りの旅　伊勢参りは生涯に一度はするものといわれた江戸時代。遷宮のあった翌年は神徳が授かるというので、お蔭参りと称して皆こぞって伊

■連れ立って富士登山をする講中の面々、富士同者男女群衆の図（滑稽富士詣）

勢を目指した。伊勢参りは仲間内で積み立てた金を籤《くじ》で当たった何人かが代表して参詣する「代参講」によって旅費の工面をするのが一般的。こうした講中《こうじゅう》による参詣は伊勢詣の他に、関東では落語にもある大山詣や富士詣、成田詣など。近い上に箱根を越えないため道中手形も要らないからか、大山が人気だったようだ。

■桑名の焼き蛤は伊勢道中の名物（金草鞋）

■順礼の振りをして施しを乞う偽順礼（人倫訓蒙図彙）

あとがき

　頻繁に火事が起きた江戸時代に、大工は引く手数多。ちゃちゃっと仕上げて次の普請場へ行ったことだろう。噺の中では、気の遠くなるほど時間を掛けて一枚の板を削る左甚五郎に、とっととやれと声を荒げる場面がある。庶民の住宅に宮大工の流儀は要らないだろうが、構造を担う大工には寸法に狂いのない「本寸法《ほんすんぽう》」の仕事が求められる。江戸なら江戸の柱間のサイズを守らねば畳屋は怒るし、戸障子担当の建具屋《たてぐや》も困る。

　本寸法という言葉は古典落語にはしばしば出て来る。本来の意味は規格通りとか、本格的ということだろうが、噺には「おっ、オツだねこりゃ。本寸法だ」と料理を褒めるなどして、様々な場面で「真っ当な」くらいの気持ちでこの言葉を使い回している。

　それはともかく。江戸時代に描かれた職人（商人もだが）の絵姿を眺めていると、狂歌を添えて茶化しているように見えるものでも、真っ当な仕事ぶりが伝わってくる。本書の仕上げも本寸法の心意気で臨んだのだが、かのＩＴ王者の名言が始終頭をかすめたのは事実。「完璧より完了が大事！」と。まさに正論。時間の制約がある中で、それなりにきっちり仕上げる大工の熊五郎を目指すのが理想か。なにはともあれ、真剣な眼差しでもの作りに励む江戸の仕事人をたくさんご紹介できて幸いです。

二〇一九年十二月吉日　著者

参考資料

＊絵本続江戸土産　＊戯場粋言幕の外　＊商売往来絵字引　＊家内安全集　＊諸職人物画譜
＊今様職人尽歌合　＊守貞謾稿　＊江戸名所図会　＊狂言画譜　＊江戸大節用海内蔵
＊人倫訓蒙図彙　＊絵本庭訓往来　＊絵本士農工商　＊宝船桂帆柱　＊木曾路名所図会
＊昭和古銭価格図譜　＊永代節用無尽蔵　＊絵本江戸みやげ　＊小野馬鹿村譃字尽
＊早引漫画　＊東講商人鑑　＊奥羽道中膝栗毛　＊近世奇跡考　＊世志此銭占
＊諸職人物画譜＊　日本山海名物図絵　＊番匠往来　＊番匠往来修理大成　＊彩画職人部類
＊江戸買物独案内　＊萬代大雑書古今大成　＊女遊学操鑑　＊春色恋染分解
＊春柳錦花皿後編　＊両點庭訓往来　＊素人庖丁　＊小野篁歌字尽　＊絵本手引草初編
＊卓袱会席趣向帳　＊纏いろは組ひながた　＊童子専用寺子調法記　＊狂歌倭人物初編
＊萬物雛形画譜　＊質屋すずめ　＊鼎左秘録　＊商人軍配記　＊江戸久居計　＊料理早指南
＊紫草江戸商標集　＊戯場訓蒙図彙　＊女用訓蒙図彙　＊春柳錦花皿美少年始
＊曙草紙　＊画本早引　＊金草鞋　＊滑稽富士詣

索引

著者
飯田泰子（いいだやすこ）　東京生まれ、編集者。企画集団エド代表。

江戸時代の庶民の暮らしにかかわる書籍の企画編集に携わる。

主な編著書は『江戸あきない図譜』『江戸あじわい図譜』『江戸いろざと図譜』（以上青蛙房）。

『図説 江戸の暮らし事典』『江戸萬物事典』『江戸商賣絵字引』『江戸落語図鑑　落語国のいとなみ』『江戸落語図鑑２　落語国の町並み』『江戸落語図鑑３　落語国の人びと』『江戸落語事典』『図説 江戸歌舞伎事典１　芝居の世界』『図説 江戸歌舞伎事典２　役者の世界』（以上芙蓉書房出版）など。

江戸の仕事図鑑　上巻 食と住まいの仕事
2020 年 1 月 20 日　第 1 刷発行

著　者　飯田泰子
発行所　㈱芙蓉書房出版（代表　平澤公裕）
〒 113-0033 東京都文京区本郷 3-3-13
TEL 03-3813-4466　FAX 03-3813-4615
http://www.fuyoshobo.co.jp
印刷・製本　モリモト印刷
 ISBN 978-4-8295-0780-3